How to
and Study in the

风华 / 著

如何赴美留学

——一位留学生家长的心得手记

中国宇航出版社
·北京·

图书在版编目(CIP)数据

如何赴美留学:一位留学生家长的心得手记/风华著. --北京:中国宇航出版社,2012.8
ISBN 978-7-5159-0260-9

Ⅰ.①如… Ⅱ.①风… Ⅲ.①留学教育—概况—美国 Ⅳ.①G649.712

中国版本图书馆 CIP 数据核字(2012)第 170580 号

总策划	邓宁丰	**装帧设计**	文道思
责任编辑	杨　宁	**责任校对**	刘　杰

出版发行	中国宇航出版社		
社　址	北京市阜成路 8 号	**邮　编**	100830
	(010)68768548		
网　址	www.caphbook.com		
经　销	新华书店		
发行部	(010)68371900		(010)88530478(传真)
	(010)68768541		(010)68767294(传真)
零售店	读者服务部		北京宇航文苑
	(010)68371105		(010)62529336
承　印	北京画中画印刷有限公司		
版　次	2012 年 8 月第 1 版		2012 年 8 月第 1 次印刷
规　格	880×1230	**开　本**	1/32
印　张	6	**字　数**	135 千字
书　号	ISBN 978-7-5159-0260-9		
定　价	32.00 元		

Contents
目录

Contents
目录

四、入学篇 ENROLLMENT

INTRODUCTION
引 子

当下，出国留学已蔚然成风。看着同龄孩子们一个个在忙着考托福、考SAT（学术能力评估考试），家长们实在是坐不住了！

但是，出国留学未必就比在国内读大学好，也并不是每个孩子都适合出国留学。

那么，究竟为什么要出国留学？哪些人适合出国留学？为什么出国留学首选美国？多大年龄出国留学为好？从什么年龄准备出国最佳？出国留学要准备什么？如何申请出国留学？申请出国留学的过程中要注意什么？……

这些，我将用我的亲身经历和教训给你一一解答。

我想达到的目的、也是我自信一定能达到的目的

——告诉你实情、减少你摸索、帮助你决策（包括肯定或否定）。

OPENING PHRASE
一、开篇

2006年，经过深思熟虑，我们全家达成一致，支持、帮助我们的女儿赴美国留学。经过努力，2007年初，我女儿同时收到了美国8所名牌大学的录取通知书。此后，不断有同事、朋友乃至朋友的朋友前来向我“咨询”出国留学的相关事宜。慢慢地，这种“咨询”逐步“演变”成了一个完整的讲座。在随后的四五年间，我的讲座内容又不断得以丰富、完善，并在不同场合被先后有组织地讲授了20多场（图1–1），自然地，就有不少家长希望并鼓励我将讲座的内容整理成文，以便他们或更多的孩子及家长能从中获得参考。

于是，就有了这本小册子。

讲座时，我喜欢站着为大家进行演讲，通常一站就是3个多小时。时常有人会问我：“你为什么对这样的讲座‘乐此不疲’，甚至还耗费精力、财力去把它整理成‘小册子’呢？”

我想告诉他们，我希望通过自己的努力达到以下目的：

第一，告诉你实情。假如你去别处咨询，尤其是到商业性咨询公司去咨询，他们未必会把所有的情况都一五一十地告诉你，但我会把我所知道的信息全部告诉你。

第二，减少你摸索。如果你们听了我的讲座或读了这本小册子，有些事情就不要再做了，因为事情应该怎么做更事半功倍，我会明确地告诉你。

第三，帮助你决策。上高中或年龄稍大一点的孩子及其家长，都迫切地面临着一个“要不要出国留学”的抉择。我的分析可能有助于你们作决策。当然决策包括“肯定”或是“否定”，作出“不适合出国” 的“否定”决策，同样是决策。

言归正传，我们先来看看我们眼下生活的大环境：

就家长而言，孩子的未来是全家最重要的大事，按照国家计划生育政策，大多数中国家庭只有一个孩子，在经济条件允许的情况下，家长们总想使自己的孩子得到最好的教育，生活在城市的家庭更是如此。最典型的

图1–1　讲座现场

是父母甚至祖父母、外祖父母6个人都整天围着这个孩子忙碌着。一到假期，孩子所有的空余时间都被各种补习班占据了，因此现在的孩子根本就没有喘息的机会，当然家长这么做的目的都是为了孩子能有一个美好的前程。

就大的社会环境而言，出国留学已经“风起云涌”，成为一种潮流和时尚。中国教育部国际司每年都举办“中国留学生论坛”，我们先来看看这个论坛上官方所给出的出国留学数据：

2009年全年出国留学人员规模超过20万，达到22.9万人，比上一年度增长了27.5%，其中国家公派出国留学人数达到1.2万人，自费留学出国人数达到21万人，同比增长30%。

（资料来源：2010年3月19日《新闻晨报》“在北京刚刚落幕的第十五届中国国际教育巡回展暨2010年中国留学生论坛上，中国教育部国际司司长张秀琴女士透露”）

2010年我国出国留学人员的总数为28.5万人，同比增长超过了24%，其中自费出国留学人数占当年出国留学总人数的93%。

（资料来源：2011年3月11日，中国网，教育部国际司生建学副司长出席2011年中国留学生论坛时公布的数据）

这些数据告诉我们，从总量上看，中国每年大约有20多万人出国留学；其中自费留学正以每年20%～30%的速度增长；而由于自费出国留学人数增长速度较快，公费出国人数所占的比例已经很小，2010年公费出国留学的人数只占出国留学生总数的7%。

此外，我们再看看去美国留学的人数：

2007年美国驻华大使馆共发放学生签证51 546个，比2006年增长40%，通过率80%；

2008年美国驻华大使馆共发放学生签证77 909个，比2007年增长51%，通过率85%；

2009年达到了 98 510人，比2008年增长26%，通过率90%；

2010年达到了127 628人，比2009年增长30%；

2011年达到了157 558人，比2010年增长23%。

（资料来源：美国大使馆）

再看看现在中学的情况，先说2010年的北京：

北京师范大学附属实验中学的老师表示，截至目前，全校已有80多名学生拿到国外大学录取通知书，其中57名学生确认不参加高考。北京八中的老师告诉记者，去年学校仅有10多名学生出国读大学，今年则超过了30人。

记者采访发现，放弃国内高考，选择到国外大学读本科已成风潮，截至目前，全市至少有上千名高三考生已被国外大学录取。

连日来，记者在对海淀、西城、东城、朝阳等区的知名高中的调查中发现，越来越多综合素质较高的优秀学生转而选择去国外留学。

（资料来源：2010年6月6日《北京青年报》“高考前一天”）

再看看上海的一个例子：

小温是本市一所市实验性示范性高中的高三学生，上周五，是高三学生最后一天上课日。可当天和她一起坚持上完最后一节课的只有不到10个人。“班上一共34名同学，5名保送的，12名出国的，10名预录取的，裸考的就剩下我们7个。”据记者了解，这样的高三“空座”现象，近几年在上海的部分高中，尤其是实验性示范性高中里并不鲜见。

（资料来源：2011年5月31日《青年报》）

其实，不仅是北京、上海，其他城市也是如此。只是在大城市里，这些现象会更加突出一些。和大家分析我们现在所处的环境，只是想让大家了解，当下，出国留学已绝非少数人的个别行为，而是一种群体性的行为，甚至已成为一种社会现象。当其成为一种普遍的社会“现象”时，你不去思考、不去参与，那你就落后了，就必将在激烈的竞争中处于劣势。

前面已经提到，我的这个讲座已经先后有组织地讲授了20多场，包括为人大附中、北大附中的一些孩子讲授。每次来听讲座的人不外乎是两类人，一类人是已经决定要出国留学的，参加讲座是来听听有什么可以借鉴的经验和教训，目的性很强，这类人来听讲座不足为奇；而另一类人则在来之前并没有成熟的想法，或随同学而来，或来“凑凑热闹”，但听完这个讲座后，有些孩子似乎有了一种“茅塞顿开”的感觉，一次讲座使他（她）完全有了全新的想法，这大大出乎我的意料。

举一个最典型的例子，W同学，她当时就读于人大附中，高中一年级时就是全国数学竞赛一等奖获得者，数学非常好，在听我讲座之前，她已被保送到北京大学。听了我的讲座后，她觉得“原来还有这么一条路，我要去试试！”于是，她于当年申请留学，并顺利地被美国麻省理工学院（MIT）以全额奖学金录取。对她而言，听了我的讲座，使她走上了一条以前从未想到过的崭新的人生之路，我的讲座改变了她的一生。在我讲座的过程中，W同学这样的情况绝非个例，如北京市十一学校的U同学、人大附中的V同学，2009年分别被华盛顿大学（University of Washington）、布朗大学（Brown University）录取，人大附中的S同学、北大附中的Z同学，2010年分别被埃默瑞大学（Emory University）、莱斯大学（Rice University）录取，都属于这种情况。

我没有想到我的讲座能为一些本来就很优秀的孩子拓展视野、规划人生、启发思路。一些孩子之前没有选择出国，是他（们）不知道还有出国这么一条“路”可以选择，他（们）的人生原本可以更加精彩的。

我的这本小册子完全是按照我的讲座内容进行编排的，其核心内容共分为4个部分。它们分别是“准备篇”，针对“我们出国要做哪些准备？”等典型问题进行详实地回答；“申请篇”，针对进入申请程序后应做的各项工作进行说明；“入学篇”，针对申请完成以后，如果被某大学录取，还应该做哪些准备工作进行解答；“忠告篇”，针对我在为女儿申请美国大学的过程中所遇到的主要经验或教训，我将给大家作一个特别提醒，供大家借鉴。

麻省理工学院新颖的建筑

布朗大学的“大学楼”是全美仅存的建于独立战争前的七幢大学教学楼之一

PREPARATION

二、准备篇

我们为什么要面临“选择”？为什么要选择出国？多大年龄出国为好？从什么时候准备出国为好？出国要准备什么？出国为什么首选美国？如何选择学校？……这是每次讲座时家长和孩子们提的最多的问题，下面就这些问题谈谈我的看法。

1. 问题一：我们为什么要面临“选择”？

其实，每个人在一生中都要面临各种各样的“选择”，有的是出于我们主动的“选择”，更多的是我们不得已而为之的被动的“选择”。不管是主动的“选择”还是被动的“选择”，“选择”都是一个“社会人”所必须具备的基本能力。现代社会已经进入到“信息时代”，“选择”的难度加大了，这就需要我们提高自身“选择”的能力。

每次讲座我都要举这样一个例子。我的很多同学，尤其是从边远地区农村来的同学，在进入大学前，根本就不知道哪个学校是干什么的，更不知道哪个专业是干什么的。因此，填报志愿实际上就是“随意”填写，填了以后考上了，这个专业可能就成了他一辈子的终身职业，或许最终他还成了这个领域的专家，但这都是不自觉的选择，有很大的偶然性。我来自于城市，家庭也算有一点文化，填报志愿、选择学校时多少有一些考虑，但说句实话，那种“选择”也非常简单，因为能获取信息的途径非常之少。因此，就我们那时考大学、填报志愿而言，“选择”都比较简单，或许都谈不上是真正意义上的“选择”。

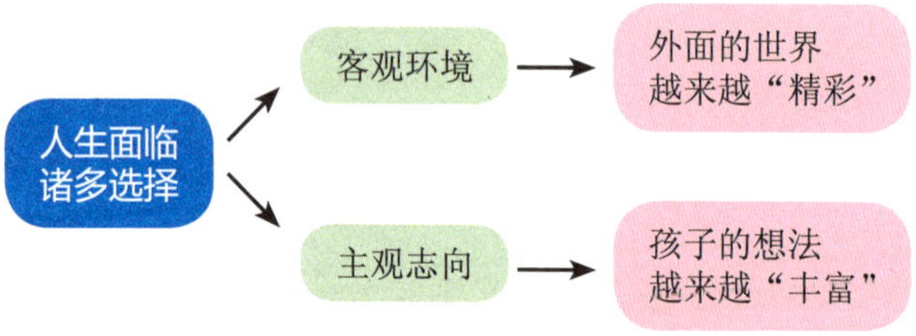

图2-1 我们为什么要面临“选择”？

可是现在不一样了。一方面，我们的孩子所处的客观环境颇为复杂多样，尤其是在大城市的孩子，网络、电视，包括各式各样的讲座，使他们能够得到的信息都快要“爆炸”了，客观环境使他们不得不“选择”。另一方面，现在的孩子掌握的东西太多了，同样的年龄，比我们那个时候知道的东西要多得多，他（们）的头脑也复杂了许多，再也不会唯命是从、人云亦云。随着年龄的增长，尤其是到了高中阶段，十七八岁的孩子更有主见，势必产生主动的“选择”。外面的世界越来越精彩，孩子的想法越来越丰富，这就无法回避一个极为现实的问题——“选择”。

但是，我们不能只看报考美国的学生多了，就不假思索地决定也去美国上大学；我们也不能看周围的学生放弃高考，于是就转而将孩子送去美国读高中。因为，并不是每一位学生都适合赴美留学，也不是每个家庭都能承担孩子从高中起就留学的费用，更不要因为潮流影响退而求其次，在国内选择一些没有保障的国际班。面对潮流，或许我们应该多一些理性的思考，少一些盲从，根据自己的实际情况作出正确的“选择”。

2. 问题二：为什么要选择出国？

每次讲座前，当我问及家长“为什么要选择出国”时，最主要的说法不外乎以下几种：

第一，国外的大学容易录取。说实在的，国内每年的高考都是一场“战斗”，“不掉几斤肉”“不脱几层皮”是很难跨入自己心仪的大学之门的。于是，高考期间全社会都为高考服务，有专门的警察维持秩序，甚至有警车为参加高考的学生“开道”。高考确实太重要了，它关系着孩子的前途，说得大一点还关系着国家的命运，因为国家就是通过这个考试，“选拔”未来建设国家的人才。国内高考“难”，毋庸置疑。因此，有些家长和学生就考虑“不在国内拼了吧”“我们出国吧”“国外大学容易录取”。其实，这种想法是有失偏颇的，至少我们不能简单地认为国外大学容易录取，事实上由于录取方式的不同，在“录取”这个问题上本身就缺乏可比性。但有一点完全可以肯定——要上好的国外大学，一定有个艰苦的过程，一定也很不容易。

第二，国外大学轻松。这个认识肯定也是错误的。除非去读没什么知名度的学校，可以“混”个文凭，甚至花钱就可以“买”个文凭。不过，优秀的大学一定都很负责任地培养人才，所以书一定是不好念的。

我举两个例子，第一个例子就是前面提到过的W同学，这个女孩不仅聪明，而且很刻苦，在中学里就获得过全国数学竞赛一等奖，参加过奥林匹克数学大赛，有一次我与她的一个同学偶然谈起她，她的同学对我说：“她（指W同学）做题的草稿纸扔到海里，海平面都会升高的！”2008年她被MIT以全额奖学金录取。在2012年春节的一次聚会上，她对我说：“叔叔，我每天都是凌晨两三点睡觉。”当时，我作为一个长辈很自然地对她说：“你这么年轻，刚20岁出头，要注意身体。”她说：“不，我还是睡得早的，我的同班同学都是凌晨五六点才睡觉。”这就是MIT。你说你能蒙混吗？所以国外的大学是“不好念的”。

第二个例子就说我的女儿，她的英语算是好的，初中的时候在美国有过一年多的学习经历，英文的阅读能力比较强。我女儿刚去布朗大学的时候，第一堂课一结束，老师就布置作业，“今天回去就把140页至210页看完，明天交给我3页论文作业。”如果英语水平只是一般的孩子，第一年念书能轻松吗？这仅仅是一门功课，一学期至少要选4门功课吧！所以我告诉你，如果你是去国外一所正规的大学念书的话，根本就不会轻松。

第三，攀比。“你看他们家的孩子都去了，我们家的孩子也一定要去！”我认为，如果是出于这种想法的话，你是把孩子逼到绝路上去了，因为孩子的承受能力是有限的。在每次讲座时，我总是希望甚至要求孩子和家长一起来“听”，因为我认为仅家长或孩子单方面作出的决策，效

布朗大学美丽的校园

果不一定很好。曾经就有这样的家长，心气很高，“逼”着孩子又要高考又要出国，使孩子几近崩溃。反过来说，有的孩子自己是真有想法，他（她）也十七八岁了，已有健全的思考能力，内心怀有出国留学的愿望，他（她）认真考虑了自己的情况，“确实不比我们班的某某同学差，而且我觉得出国以后我一定会有一个更好的前途。”可是，如果没有奖学金的话，他（她）的家庭确实承担不起这笔昂贵的费用。所以，对于“要不要出国”这个问题，一定需要由家长和孩子互动，只有主观意愿和客观能力都具备了，这件事做起来才比较顺当，大家才愉快，这就是“和谐”。家庭和谐了，做任何事就有动力了。

那么，为什么要选择出国留学呢？我想，最直接的目的是为了读书，为了接受更好的教育。有两类人应该选择出国，或者我们应该千方百计地帮助他（她）们出国。

第一类人，他（她）们志向明确，优势突出，奔着名校或者自己早已心仪的大学而去。这类孩子思想非常成熟，见多识广，经过深思熟虑以后，他（她）们形成的结论也是正确的。举一个例子，有一个D同学，是我女儿在清华附中的同学，他在读中学时就对艺术非常感兴趣，而且也确实具有这方面的天赋，学校里很多文艺活动，比如排练节目、表演等，他都当导演，他的英语水平也相当好。他在申请学校时曾经对我说：“我一定要申请美国南加州大学的导演系。”要知道，南加州大学的导演系是非常著名的。果然，他被这个学校录取了。学校在给他的录取通知书中这样写道：“祝贺你被我们大学录取，你是我们近五年来，从中国大陆录取的第一名该专业的学生。”这样的孩子，思想这么成熟，志向这么明确，家里但凡有点能力，一定要培养他，支持他。

第二类人则是成绩优秀、能力全面，能进入一所比国内好得多的大学去读书的孩子。这类孩子总的来说成绩优秀，而且能力非常全面。所谓“能力全面”，在后面我还有专门的解释。这类孩子如果能考上诸如北大、清华之类的一流学府，不妨也留在国内读书。但如果你不能顺利进入国内一流的学校读书，那我认为，只要有能力出国留学，你不妨考虑直接到国外读书，因为毕竟是为了要受到更好的教育，而且应该能受到更好的教育。

如果说出国留学还有一个“间接目的”的话，那就是为了“远大的抱负”。我们就拿北京的情况为例。你们的祖辈，一般来说，在他们的能力范围内或许能把北京“转遍”就很不错了，因为他们的能力有限，他们通常不会开车，一辈子离开北京的机会也很少，通常也不会有多大的社交圈子。可是到了我们这一辈，就不同了！现在让我们去新疆、海南，我们肯定敢去，既没有语言障碍，也不会找不到旅馆。所以到了我们这一辈，活动半径扩大到全中国是没有问题的。但我认为，我们的下一代，将来一定是生活在“地球村”，是一个“国际人”。

未来的孩子们，假如英国有一家著名的公司，你的专业又合适，需要你去工作的话，我想你应该有这个能力，毫不犹豫地提着行李箱去应聘，你们不会因为要去英国工作，考虑到人生地不熟，连路都不会问，连从机场到酒店都找不到，由此心生畏惧。你们有4年在国外读本科的经历，这些对于你们根本就不是问题。所以说，拓展生活半径、开拓事业舞台就是出国留学的更远大的“间接目的”。

关于为什么要出国留学，还有一些实际的例子。事实上，出国留学为中国造就了一大批人才。据统计，中国科学院第一批223名学部委员当中2/3是归国学者；23位“两弹一星”元勋中，有21位是由海外归来的。

“读万卷书，行万里路。”在这段旅途中，我们放眼看世界，了解不同国家的风土人情、生活习惯、文化背景；在这种磨砺里，我们通过国外的读书学习、交流实践，增长自己的知识；在这个过程中，我们在开拓着世界的人脉，拓展着国际化的视野；在每个拐点处，我们也在不断寻找最适合自己的职业和人生，最终找到自我、实现自我。或许，这就是留学的真正意义！

3. 问题三：多大年龄出国为好？

回答了大家“为什么要选择出国”这个问题后，有的孩子或家长可能已经有些“动心”了——看来“我（的孩子）出国还是有些好处的，倒也是一个选择”。

紧接着，家长们又有了孩子出国留学年龄“太小了”或“太大了”的顾虑。有的家长感性成分多一些，他们认为自己的孩子太小了，会说：“我就一个孩子，太小了‘放出去’，我真不舍得”；而理性成分更多一些的则会说：“岁数太小了出去，不利于人格及世界观的形成”，“舍不得”仅仅是一个方面，更重要的是怕孩子学坏。

我举几个例子，离开故土、出国留洋，孙中山是14岁，宋庆龄是15

岁，邓小平是16岁，周恩来是18岁，他们去国外的时候，国内外的环境都比现在要险恶得多，无论是生活还是交通、通讯条件都非常落后。仅仅是“跨洋”，他们就需要在海上“漂泊”几个月才能到达彼岸。但是，你能说他们的人格缺失吗？非但如此，他们最后都成了伟人。因此，年龄小并不是问题，年龄多小都不是出国的障碍。

当然还有另外一些家长顾虑的则是孩子年龄“太大了”。我会经常听到家长们在议论：“我的孩子读大学都快毕业了，算了吧。”有的已经在读研究生了，更是觉得“出国留学”这个问题考虑得太晚了，甚至还会抱怨“生不逢时”。其实，人越大越成熟，出国留学“多大也不嫌大”，古今中外大器晚成者数不胜数。所以，关于出国留学，以年龄作为衡量标准的话，很难有一个准确的答案。

那么，究竟多大年龄出国为好呢？我认为，相对而言，高中毕业后，本科阶段出国留学是最佳选择，这个观点的提出，有如下几点理由：

第一，18岁左右的孩子，如果家长正常培养的话，他应该具有必要的独立生活的能力。吃饱穿暖、健康安全、为人处世都基本能做到、做好，不至于做出一些匪夷所思的事情来，所以让孩子一个人出国去独立生活，家长基本可以放心。

第二，这个年龄段的孩子对新环境的适应性较好。举个例子，成年人出国最难适应的事情是饮食，俗话说“人的胃最‘爱国’”。但是18岁左右的孩子，通常对新的饮食习惯还比较容易接受。事实上，我们看看周围的孩子，他们出去以后吃那些“洋玩意儿”也挺能适应的，不像我们这个年龄那么难以“容忍”。当然，他们对新文化、新事物的接受也比我们成年人容易得多。

第三，本科出国留学更容易体验到真实的国外社会，这是相对于读研究生才出国留学而言的。为什么说本科更能体验到真实的国外社会呢？比如说，你是本科以后去读书，特别是工科的研究生，真正需要上课拿学分的课程并不多，更多的学习是由导师安排。工科专业的导师通常叫你做大量的实验，写好一篇论文，顺利通过答辩，你就没问题了，这是个正常的程序。因此，每天你的大部分时间可能是在实验室中度过，天天接触的就是实验室的几个人，对外面的社会接触得很少。我曾经碰到过这样的学生，在国外留学回来英语说得不是很流利，也把学位拿下了，这是很正常的事情。当然，商科专业的、管理专业的可能会好一些，因为这些专业经常要组织一些小组进行讨论，还要经常完成小组任务，相对来说课堂比较开放，相互交流的机会会多些。但是，去念本科的孩子就不一样了，因为本科一般都是学分制，你几乎每天都必须到几十人甚至几百人的大课堂去上课，你必须每天都与各式各样的人打交道，你必须去接触那个社会的每个角落。所以在十七八岁这个年龄去国外读本科，你得到的与他人交往的机会更多，更容易体验到真实的社会。

第四，更利于聚集人脉。假如你的最高学历是博士，当有人问你是哪个学校毕业的，你的第一反应一定是本科就读的学校，当谈话深入，或许是为了找到与某人的共同点，才会再说“我是在某某学校读的硕士、在某某学校读的博士”等等。为什么？因为本科在你整个人生当中，是你最初所涉及的较为复杂的人际关系、是你第一次离开家庭独立生活所产生的印象，对你最初的阅历的建立，甚至对第一次踏入社会的感觉都是最深刻的。于是，能与你四年一起“摸爬滚打”的本科同学，对你来说，也是印象最深刻、友情最牢固的。正因如此，本科的同学在你今后的人生中、在你以后的交往圈子里也一定是最投缘的，“人脉”即在于此。这些人脉将在你未来的工作生活中为你提供很多帮助。

TIPS 1 美国大学的学分制

美国大学实行的都是学分制。一般来说，一门课程1~4个学分（credit）。全日制学生本科每个学期最少修12个学分，美国要求一年至少修2个学期，也就是本科一年最少24个学分。

美国本科学分制度中的选课方式主要包括以下4种。

1. 全开放选修（也称自由选修）。这是美国在学分制实行初期的一种选课方式，目前只有少数高校仍在实行。这种形式除了一般只规定英语和现代外语为必修课外，其余均为选修课。选课自由度很大。

2. 半开放式选修。这种方式一般在美国工科院校实施，通常规定选修课比例占全部课程的20%～40%。

3. 主辅修课程并行式学分制。这种方式将学生应选修的课程划分为主修课与辅修课，且主修课所占比例大于辅修课。

4. 分组选修学分制。这是一种专业课与基础课并举的方法，强调各年级学生要通选不同系、专业的基础课程，广泛涉猎，拓宽视野，训练思维。这是美国目前大部分高校实行的选课方式。

在美国，只要完成规定学分并且考试合格，学校就准予毕业。但美国大学都是按学分收取学费的，所以提前毕业并不能节省学费，但可以节省时间和其他相关费用。

美国大学本科（授予学士学位）的学制是四年。本科课程体系、学习负荷以及修读进度都是按照四年完成的标准来设计的。从Freshman（一年级）到Sophomore（二年级），再到Junior（三年级），最后到Senior（四年级），都要修满一定课程并获得相应学分。但是，作为学生个人，可以提前完成本科学业，获得学士学位。关于提前完成学业（Academic acceleration），美国各大学都有一套十分复杂而严格的政策（Acceleration policy），规定想要提前毕业的学生必须获得"提前毕业学分"（Acceleration Credits），或者叫"跳级学分"，学生必须早于正常时间完成某些大学课程并获得学分。"提前毕业学分"也可以在入学时获得。那就是参加超前"跳级"考试（Advanced Placement tests）。

此外，关于年龄过小出国留学所带来的问题，我们不妨也作个分析。

首先，年龄过小的孩子自我约束能力必然较差。因为毕竟是太小了，比如说只有七八岁，甚至十一二岁，他连自己的衣服都不会洗，最起码的生活能力都不具备，送他出国是不合适的。如果父母不在，一定要找个监护人，但监护人怎么也不会像父母那样对孩子有无微不至的关怀和照顾。

第二，经济费用要考虑。现在，到美国最好的大学读书每年的学费和必要的生活费用至少要5万美元。中学就去读书的话，每年的费用也差不多，也是5万美元左右。如果多3年的留学时间，就意味着增加3年的费用，家长能不能承受？这也是一个问题。

第三，年龄过小出去就像是“走上了华山”。之所以这样比喻，是因为自古华山只有一条路。过早地把孩子送出去以后，如果还想让孩子回来参加高考的话，估计一点希望都没有，你只能按照国外的升学方式了。再说国内的教育也不是一无是处，总的说来，国内的中学教育在所教授的知识的深度上普遍比美国等西方国家要深，对夯实各学科的基础知识是很有好处的。以理工科为例，如果孩子能在国内念完高中的课程，到国外进入大学后，通常头两年的大学数学、物理等课程都不是很费力，实际上你具有了这方面的“先发优势”，可以利用在这些课程上所节省出的时间把语言、文化上的缺陷补回来。而如果年龄过小就出去的话，那就只能走一条路了，我说的这些优势就不存在了。

第四，传统文化教育的缺失问题。孩子如果在初中阶段或是更小的年龄出国，最终他满脑子接受的都是西方的思维，跟你完全不一样，回国后可能感觉你做的饭都不好吃了。

当然话都是两头说的，从小出去最大的好处就是对语言能力的培养，这一点绝对有优势。我曾经进行过专门的观察，小孩子如果初中以前就到国外的话，刚进入一个全新的环境，通常前三个月非常苦恼，因为很多孩子所交流的语言，他都听不懂，很压抑。经过半年左右的时间，基本上一些生活上的习惯他都了解了。一年以后，在日常交流上基本没有什么问题。所以，仅从这一点来看，年龄越小出国越好。话，两头都说了，如何取舍，需要各位家长自己去琢磨。

TIPS 2 美国的中等教育体系

美国政府非常重视教育，其中学教育体制分为公立（Public School）及私立（Private School）两种形式，公立中学占美国中学的85%，由政府出资建成，当地学生就学不必支付费用。根据美国移民法规定，公立中学只接受国际交换学生，并且学习不超过1年的课程。私立中学约占美国中学的15%，一般分为初中（Middle School）（5~8年级）和高中（Upper School）（9~12年级）。私立中学，隶属于私人机构或宗教团体，由民间筹资建成，供当地学生或留学生就读。私立中学中又分寄宿制私立中学（Boarding School）和走读制私立中学（Day School）。对于国际学生一般比较适合申请寄宿制私立中学，当然如果学生本人在美国有监护人，一般可申请走读制中学。

私立寄宿制中学和公立中学的基本数据对比（由美国寄宿制中学协会提供）如下：

1. 认为学校开设的课程具有学术挑战性的学生比例：私立中学91%，公立中学50%；

2. 每星期用于完成家庭作业的时间：私立中学17小时，公立中学8小时；

3. 认为同学素质高的学生比例：私立中学75%，公立中学49%；

4. 在大学升学方面，对所在学校满意的学生比例：私立中学87%，公立中学39%。

美国私立寄宿制中学的特点：

1. 历史悠久，强调精英教育，注重学生的全面发展；很多学校拥有一百年以上的历史，有的学校历史更是长达三百年以上；除了强调学习成绩之外，更注重学生在非学术方面（例如创新精神、领导力、观察与分析能力等）的全面发展。

2. 小班教学，封闭式教育，学生受到更加细致的照顾和培养；平均每班人数为12人，个别班级人数少于5人甚至更少。

3. 注重学生个人能力和特长的培养，使学生在普通教育的基础上得到进一步的和全面的发展；为有潜力的学生提供进一步的学习空间；在非学习领域开设大量的课外活动。

4. 校园各种配套设施一流，生活丰富多彩。除了现代化的教学设施外，很多学校还有令人羡慕的体育和文化设施，例如橄榄球场、音乐厅、艺术中心等。

5. 具有很强学术背景的老师，提供升学指导服务。这些老师对美国大学的申请了如指掌，与大学招生部门有长期合作关系，能最大程度地保障学校毕业生顺利进入理想学校。

4. 问题四：从什么时候开始准备出国为好？

这里我们以出国读本科为例来进行讨论。

话说得绝对一点，如果你的孩子想出国的话，你可以在孩子一出生就规划好他的人生道路。从这一点来说，孩子一出生就进入了“准备阶段”。按照专业计划的词汇来说，这叫做“紧前计划”。那么，我们现在来讨论一下“紧后计划”应该如何安排。

如果你要在高中毕业后去美国读本科，“紧后计划”安排就是为申请美国大学所必须要准备的一些重要考试、节点的“最迟的”（或称为“最佳的”）时间安排。一般来说，一个孩子如果是按正常的程序、按部就班地读书的话，在高三的上学期，就应该进入最重要、最实质性的“申请阶段”了，因为通常申请美国大学次年秋季入学的开始时间是当年10月份，而截止日期是当年的12月31日，所以进入高三阶段已经不存在“准备阶段”的时间了。当然，在这个阶段你还可以补考一些东西，但是主要的申请准备工作都应该是已经完成了的。而所有的申请美国大学所需要的各种考试及准备大约需要2年时间，因此，这样计算的话，当你中考完毕、进入高中后开始积极努力准备，时间上既比较充裕，又不至于漫无边际。图2-2是高一、高二阶段的主要工作安排。

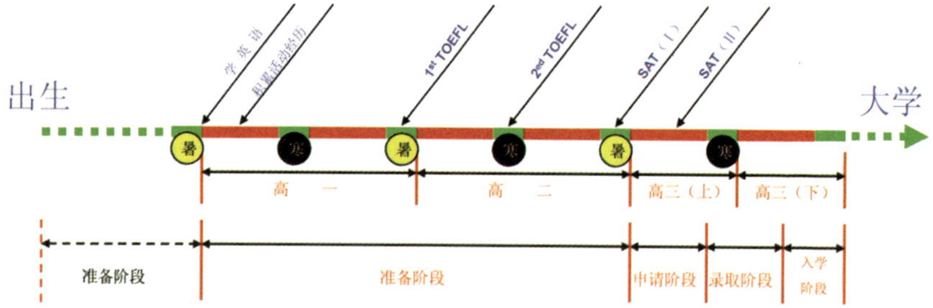

图2-2　准备阶段主要安排（以出国读本科为例）

进入高中以后，你首先要好好学英语。英语是去美国、英国等国家留学的一个必要条件，因为要取得美国留学签证，必须有托福成绩。为了能进入比较好的学校，你还要积累一些好的经历，要全面发展，并尽可能地去参加各种各样有益的活动，因为美国的大学不是“唯成绩论”，不是成绩好就一定能读好大学。一年后的暑假，如果你有能力的话，应该进行一次托福考试。有的孩子第一次去考托福，成绩往往不是很理想，倒也不是英语水平不好，而是由于考试技巧问题，或是过分紧张临场发挥得不好。

这样，你就要为第二次托福考试进行准备并安排好考试时间。当然，在这个过程当中，你还可以穿插安排一些其他工作，如考SAT等，但无论如何，把托福考好是最重要的一件事。

关于SAT，有SATⅠ和SATⅡ两个部分，通常先考SATⅠ，再考SATⅡ。把这些重要的考试按时间一排，其实也是不宽裕的，甚至还是挺紧张的。因此，如果你已经明确了要去美国留学，那么，从高一开始，花两年的时间进行必要的准备，到了高三上学期开始进入申请程序，是相对比较稳妥、又是相对比较合理的安排。图2-3是申请美国大学的重要节点。

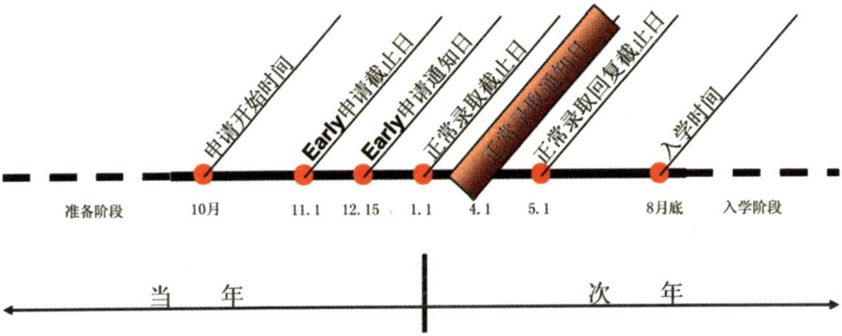

图2-3　申请美国大学的重要节点

11月1日通常是先期录取（Early Decision）的截止日期，而12月15日是先期录取（Early Decision）的录取通知日期。正常的申请一般来说都是次年的1月1日截止。所以对正常的申请来说整个申请阶段大约为10月、11月和12月，时间还是比较充裕的。

从1月1日以后，可以说孩子已经没有更多的可以再“努力”的空间了，也就是“听天由命”等通知了，该做的都做了，申请表也都发出去了。当然，偶尔可能还会有学校需要你补充一些材料，那也仅仅是个别学校而已。4月1日通常是录取通知日，不过很多学校在这个日期之前就会以电子邮件或电话等其他方式事先告诉你是否已被录取，如果有学校早已决定接收你的话，可能在1月份就会通知你。5月1日以后是准备入学阶段。国内是秋季入学，美国的学校跟中国的学校通常是一样的，是两学期制，但是也有少数学校实行三学期制或四学期制。特别要提醒的是，“通常”申请的截止日期是1月1日，但有个别学校是不“通常”的，比如某著名大学每年申请的截止日期就不是次年的1月1日，而是当年的12月15日，对于这些不“通常”的学校要特别留意，以免耽误孩子。

5. 问题五：出国要准备什么？

前面我给大家回答了“我们为什么要面临‘选择’”“为什么要选择出国”“多大年龄出国为好”以及“从什么时候准备出国为好”等四个问题，如果对这四个问题都有了明确的答案，则是完成了“思想”上的准备。那么，要回答“问题五：出国要准备什么”时，应该还有“学习准备”“素质准备”“阅历准备”以及“经济准备”等四个方面。

（1）学习准备（TOEFL/SAT/GPA/IB课程和AP课程/ACT）

“学习准备”最重要的是英语，语言的学习最好“从娃娃抓起”，越小越好。涉及英语的最重要的考试是托福和SAT。此外，作为申请学校的最重要的“要素”之一当然是你的中学成绩，尤其是高中的学习成绩，而反映学习成绩的一种方法就是GPA成绩。

①托福（TOEFL）考试

托福（The Test of English as a Foreign Language，简称TOEFL）是由美国教育测验服务社（ETS）举办的英语能力考试，全称为“检定非英语为母语者的英语能力考试”，中文音译为“托福”。托福有三种，分别是：pbt—paper based test 纸考，满分为677；cbt—computer based test 机考，满分为300；ibt—internet based test 网考，满分为120；新托福满分是120分。托福考试的有效期为两年，是从考试日期开始计算的。

图2-4 托福考试的LOGO

迄今为止，美国和加拿大共有2 300多所院校规定，所有申请到该校入学学习的外国学生，必须提供托福、雅思、GMAT或TSE的某一项或两项标准化考试证明，只有达到学校所要求成绩的申请者，才能取得入学和申请奖学金的资格。除了美国、加拿大等大部分国家的高等院校外，欧洲（如英国）、大洋洲（如澳大利亚、新西兰）以及东南亚一些国家和地区也都已承认托福考试成绩的有效性。近几年来，国内的联合国驻华机构、外企以及合资企业在聘用职员或是国际基金组织在测试职员的英语水平时，也都采用托福考试成绩。

新托福由四部分组成，分别是阅读（Reading）、听力（Listening）、口语（Speaking）、写作（Writing）。每部分满分30

分，整个试题满分120分。

在实际考试中，考生往往会在听力或阅读部分碰到加试试题，也有可能阅读、听力两部分同时被加试。但因为考生事先并不知道哪一部分是加试部分（有的时候经典加试是能判断出来的），所以考生对全部考题都应认真对待。

有关托福考试的更详细的情况可进入相关官方网站进行查询。

ETS官方网站：www.ets.org

托福官方网址：www.ets.org/toefl

下面再介绍一下中国内地托福考试的情况。1981年5月，美国某大学的一间教室里，中国教育部学生司负责人与美国ETS副董事长签署了《托福入华》协议。1981年12月，中国内地的第一次托福考试（TOEFL），在北京、上海和广州三地同时举行。有趣的是，考生答题所使用的铅笔、橡皮、转笔刀都是随着资料一同从美国运来的，第一次托福考试共有732人参加。光阴荏苒，30余年过去了，随着中国国力的昌盛，越来越多的中国学生点燃了出国游学的梦想。现在托福考试在我国已有了长足的发展。据报道，2012年ETS在我国共安排了35次托福考试，而考点已遍布全国，多达52个之多。

中国内地考生需通过教育部考试中心网站报考托福网考，网址：http://toefl.etest.net.cn或者http://toefl.edu.cn 。

托福考试相关费用如下：托福网考考试费为人民币1 415元、逾期报名附加费为人民币200元、转考费为人民币600元、恢复已取消的成绩为人民币160元、成绩增送费（每份）为人民币136元 （每份可送6所学校）、口语或写作单项复议为人民币480元、口语和写作双项复议为人民币960元。目前提供的支付方式共有三种：通过中国工商银行进行网上付费、通过中国招商银行进行网上付费、通过任何银行将费用电汇至教育部考试中心指定的银行账户。

中国内地的托福考试与报名步骤如下所示：

第一步：注册成为网上报名系统用户，创建个人档案

第二步：支付考试费

第三步：注册考试

第四步：填写背景调查

②SAT考试

SAT，全称Scholastic Assessment Test，中文名称为学术能力评估测试。由美国大学委员会（College Board）主办，SAT成绩是世界各国高中生申请美国名校学习及奖学金的重要参考。

图2-5 美国大学委员会的LOGO

SAT分为SAT Reasoning TestTM（SAT Ⅰ）和SAT Subject TestsTM（SAT Ⅱ）两个部分。其中SAT Ⅰ又分为3个部分，分别为Critical Reading、Mathematics以及Writing，每个部分为800分，因此SAT Ⅰ满分为2400分。SAT Ⅰ总的考试时间为3小时45分钟。而SAT Ⅱ则设为5个基本科目范畴（Five general subject areas），分别为English、History and Social Studies、Mathematics、Science和Languages。选择任何一个科目的考试时间都是1个小时（1h/subject）。SAT Ⅱ中每个科目满分都为800分。SAT Ⅱ中5个范畴的所有考试科目如表2-1所示。

表2-1 SAT Ⅱ 中5个范畴的所有考试科目

范畴	科目	备注
英语 English	文学 Literature	
历史 History	美国历史 U.S. History	
	世界历史 World History	
数学 Math	数学1 Math Level 1	·难度：SATⅠ数学<数学1<数学2 ·有些理工科学校要求申请者提供数学1 或2的成绩
	数学2 Math Level 2	
科学 Science	生态生物学/分子生物学 Biology Ecology/ Molecular	
	化学 Chemistry	
	物理 Physics	
语言 Languages	汉语	加听力测试 Language with Listening
	法语	
	德语	
	日语	
	韩语	
	西班牙语	
	法语	仅笔试Reading Only
	德语	
	现代希伯来语	
	意大利语	
	拉丁语	
	西班牙语	

目前SAT一般每年可考6~7次，分别在每年3月、5月、6月、10月、11月和12月的第一个周六以及1月的最后一个周六举行。其中，每年3月的考试仅在美国举行。考试时间是上午8点开始，大约到下午1点结束（由于各个考点休息时间不同，故在考试时间上存在差异，具体参见College Board网站）。

现阶段进行的SAT考试的形式是从2005年3月开始的。报名费用为：美国本土49美元，国际报名75美元（如果超过报名最后期限补报则需要加钱）。

有关SAT考试的更详细的情况可进入College Board的官方网站进行查询。

College Board官方网站：www.collegeboard.com

SAT官网：www.collegeboard.com/student/testing/sat/about.html

在此要特别说明的是，由于SAT考试在中国内地暂时未设考点，所以为考生带来了诸多不便。一般来说，中国内地考生都非常热衷于报考设在香港的考点。香港考试及评核局受美国考试服务中心（ETS）的委托为香港举办SAT考试的一个考试中心。在其官方网站可以查询考试信息，网址：http://www.hkeaa.edu.hk/tc/。

SAT考试报名之前，大家需要准备一张国际信用卡，这张卡的作用是用来缴纳SAT考试费用。拿到信用卡之后，考生需要登录SAT考试官方网站College Board进行网上报名的相关步骤。

在SAT考试报名过程中填写的各类信息，除了姓名、考试日期、考点等重要信息以外，在考试之前9天都是可以再次登录修改的。考试日期以后也可以改，但是属于改考，需要付费。

要注意的是，SAT Ⅰ与SAT Ⅱ的报名时间和方法一样，考试日期是在同一天，所以不能同时报名，可以在一个考试年度（6次考试）里选择不同的考试日期分别考试，SAT Ⅱ各科目的考试题目都在同一本试卷上，每科考试时间1小时，一个考试日最多可以报考3科，在考试当天选择所报的科目答卷即可。

中国学生还是选择理工科的居多，这些学生在考完SAT Ⅰ后，通常还会在SAT Ⅱ里选择2~3门课程考试，其中选择较多的是化学和物理，当然如果你将来想念医学院，可能会选生物、化学这两门课程。一般来说只要英语过得去，这些课程对中国学生来说都不是太难，有相当一些学生物理、化学都能考到满分800分。SAT Ⅰ能得2 000分已是相当好的成绩了，但是中国孩子非常会考试，2008年有一个人大附中的考生SAT Ⅰ的成绩是2 380分，这是相当不容易的。

关于托福和SAT这两种考试，还有几点特别的建议：

第一，一定要提前报名。因为现在报名考试的人很多，据说一年以

香港SAT考试一考场

后的托福、SAT考试都有人报名了，所以临时决定要考试，一是可能报不上，二是可能报上了，但考点或时间都不甚满意。我女儿由于决定得较仓促，第一次报名考托福时，没有报上设在北京的考点，只好去设在上海交大的考点考试；但当她决定第二次考托福时，由于启动较早，报上了设在北京工商大学的考点，只需步行去参加考试，既节省了路费，更省去了车马劳顿之苦。还有SAT考试，若没在设在香港的考点报上名，则要到更远的泰国、新加坡去考试，真可谓“劳民伤财”。

第二，苦背单词。中国学生在中学所学的英语，就语法和逻辑来说是比较扎实的，最大的欠缺是语感及单词量。单词不认识，要保证答题的正确率就无从谈起。所以，为应付考试，如何尽快增加单词量就成了一个最重要的工作。有一个建议，根据以往的经验来看，就是买一本新东方教育集团董事长俞敏洪的被大家誉为“红宝书”的《GRE词汇精选》死记硬背。

第三，练习打字。现在所有的基于互联网的考试，都要用键盘打字，如果你打字的速度比别人慢的话，你首先就在基本技能上输给了别人，别把紧张的考试时间浪费在这个上面，太不值得了。其实，像中学阶段的孩子，只要经过一周左右的练习就可以突破了。总之，希望大家充分有效地利用宝贵的考试时间。

第四，“新东方”的课程。无数的实例表明，上了“新东方”以后在应试能力方面会有一个提高，当然不是无限地提高。就我的女儿而言，她先后考了两次托福，第一次考试前自我感觉相当好，当时还是纸考，分数出来才570分。她自己认为：“绝对不是这个能力，都会，怎么是这个分数呢？”然后，她去上了新东方，第二次考试630多分。所以，上“新东方”对考试技巧的培养、对应试能力的提高还是有很大帮助的。

第五，再考一次。由于有的学生一遇到考试就非常紧张，尤其像参加托福、SAT这样的考试，如果是第一次到真实现场考试，可能一下子不是很适应，紧张更是在所难免，有的甚至抱怨键盘不好、显示器不够亮等等，很多意想不到的事情都会发生。因此，第一次参加考试权当积累经验，不妨考虑再考第二次，通常情况下会有一定的提高。但是，如果没有特殊原因，不建议再考第三次、第四次，那样意义不大。

③GPA

所有美国大学的申请表里都需填写学生的中学学习成绩，而这个成绩都要求填GPA成绩，因为美国学校的成绩绝大多数都是以GPA来表示的。GPA英语全称是Grade Point Average，意思就是平均成绩点数（平均分数、平均绩点），美国的GPA满分是4分，GPA的精确度往往达到小数点后1到2位，如：3.0、3.45。

中国通常用的都是百分制，在申请美国大学填表时就需要先进行换算。

标准的计算方法通常是将大学成绩的加权平均数乘以4，再除以100；比较常见的方法还有把各科成绩按等级乘以学分求和再以总学分除之。以某学生的五门课程的学分和成绩为例，其计算方法如下所示：

- A课程四个学分，成绩92（A）
- B课程三个学分，成绩80（B）
- C课程两个学分，成绩98（A）
- D课程六个学分，成绩70（C）
- E课程三个学分，成绩89（B）

首先将A、B、C、D、E五门课程的百分制成绩按表2-2换算成相应的成绩点数，分别为4、3、4、2、3，则以上述两种方法计算出的GPA为：

四分制算法GPA=（4×4+3×3+2×4+6×2+3×3）/（4+3+2+6+3）=3.00

标准算法GPA =[（92×4+80×3+98×2+70×6+89×3）×4]/[（4+3+2+6+3）×100]=3.31

表2-2　分数换算表

百分制分数	等级	成绩点数
90—100	A	4
80—89	B	3
70—79	C	2
60—69	D	1
60—下	E	0

关于GPA的计算，还有两点需要提醒：

一是尽量往高算。这里所说的GPA，一般是指你高中的学习成绩，在入学申请表中有一项就是要填你的GPA成绩，这就需要你把百分制的成绩经计算后变成GPA的成绩填进去。但是，大家都知道，同样的100分或是90分，不同的学校其“含金量”是大有不同的。举一个极端的例子，人大附中的孩子的数学90分和一个边远山区的孩子的数学90分根本不是一回事。倘若一个农村孩子的成绩是95分，你在北大附中就读的成绩是85分，换算成GPA，你是3分，他是4分，这不能反映真实情况。因此，遇到这种情况，第一，你在算的时候要“就高不就低”，千方百计地把自己的GPA往高算；第二，其实只要是国外比较正规的大学与中国已打了多年的交道，他们早就知道北京的四中、人大附中、师大附中都是好学校，知道中国的学生填在表里的GPA不能完全反映真实情况，所以真正要看的还是百分制的成绩单，从这一点看来，由于换算GPA而带来的不能反映真实情况的问题，你不必过分担忧。但无论如何，把自己的GPA尽量算得高一点，在感官的“第一感受”上是有好处的。

二是少数中国学生所在的中学也有GPA成绩，但由于大部分中国学校的评分都相当严格，很多实际成绩很优秀的学生把分数换算成GPA后却还不够3.0，在有些大学里班上前5名学生的总平均成绩都可能会在82分以下，这样在申请美国大学时，GPA都要变成3.0或更低，只能进一些不太“入流”的学校，这对中国学生是很不利的。为了消除这种不利，可以采用两种方法，一是在推荐信以及读书计划中说明你是采用了哪一种GPA制（或GPA算法），而表现得较低的GPA实际上是由于评分标准十分严格而导致的；二是在提供成绩单时，列明这样的成绩在全班或是全系所排的名次以及百分比。

归纳一下，在高一、高二期间（按正常申请时间，你申请次年秋季入学的大学时是在你高三第一学期开学不久，因此，你那时只能提供高一、高二的成绩），你除了要备考托福、SAT等外，你的学习成绩也是相当重要的，一个好的GPA成绩是能进入一所好大学的前提。

④IB课程和AP课程

为什么要专门说一下IB课程和AP课程这个问题呢？最近，有的孩子家长问我：“我的孩子想直接去上国际班，是选择首师大的国际班，还是选择北师大的国际班呢？”事实上，尤其是近三四年，各个学校都陆续开办国际班，包括北京四中都有国际班。关于“选择哪个国际班比较好”的问题，不能具体简单地说哪个好、哪个不好，我只能告诉你最好能选择使用国际标准课程（即IB课程）或美国标准课程（即AP课程）的国际班来上，原因很简单，因为这些课程在美国的许多大学中都被认可，有的还可以直接作为本科的学分计算，实际上这些课程就是大学的预科课程，具有很高的认可度。比如说，前些日子，有一个学生家长问我上某某中学开设的国际班好不好，我说：“我不能回答你好不好，但有一点，你可以看看它们用的是什么课程，如果只是用了与美国某某州的某所大学两家商量的专门课程，至少我可以宏观地建议你，最好不要选择这样的国际班。”为什么？如果你只是想去美国某某州的这所大学上学，那挺好，你所学的课程及成绩这所大学是认可的。可是，如果你还想申请其他的学校，这个成绩未会必被认可。

下面，我们分别来介绍一下IB课程和AP课程。

● IB课程

IB课程全称为国际预科证书课程（International Baccalaureate Diploma Programme，简称IB课程）。它是由国际文凭组织为高中生设计的为期两年的课程。IB课程不以世界上任何一个国家的课程体系为基础而自成体系，广泛吸收了当代许多发达国家主流课程体系的优点，涵盖了其主要的核心内容。因此IB课程体系既具有与世界各国主流教育课程体系之间的兼容性，又有自己教育理念发展下的独特性。

IB课程分配在6个基础学科领域里，学生既要学习科学科目，又要学习人文科目。所有参加考试的学生，必须在这6个学科组中每组选一门课程进行学习（每一门课程又分为高级课程和普通课程）。

IB课程是极富挑战性并享有较高认可度的课程。它为学生进入大学学习并取得国际学士学位证书做准备。学生获得这个证书后就取得了直接进入英国大学及大多数其他国家大学学习的资格，他们也可能获得最多一年的学分进入美国的大学。IB课程按深度开展，学生的学习将不断深化。IB课程是全球教育界认可的具有较高学业水准的课程，被许多的大、中学所接受，在全球范围内迅速发展、壮大，成为国际学生考取国外大学的最理想选择。

- AP课程

AP课程是Advanced Placement的缩写，中文一般翻译为美国大学先修课程、美国大学预修课程。AP课程是由美国大学理事会（The College Board）提供的在高中授课的大学课程。美国高中生可以选修这些课程，在完成课业后参加AP考试，得到一定的成绩后可以获得大学学分。一般修一门大学的课程要花费数千美元，而参加AP考试只需要82美元，因此选修AP课程不仅可以展现学生的能力，它还是一种省钱的好办法！

美国高中AP课程有22个门类、37个学科，已在美国15 000多所高中里普遍开设。它可以使高中学生提前接触大学课程，避免了高中和大学初级阶段课程的重复。

AP 考试的成绩使用5分制，考生可以获得1、2、3或者5分。一般3分或3分以上的成绩可以在大学换取学分，但也有很多特殊的例子，某些名牌大学接受的标准在4分以上或者5分，有些大学不接受AP成绩。

目前，已有40多个国家的近3 600所大学承认AP学分为其入学参考标准，其中包括哈佛、耶鲁、牛津、剑桥等世界名牌大学。该项考试为考生增添了大学学分。

AP考试每年5月举行，目前已经在全球80多个国家开设。

AP成绩已成为美国大学录取的重要依据。根据美国大学升学顾问委员会在全美范围内所作的调查，由于美国大学已经普遍把学生在AP考试中的表现作为衡量其是否能够胜任大学学习的依据，因此AP考试成绩已经成为众多大学录取考虑因素中最为重要的依据之一。

考试通过的AP课程可以折抵大学学分，减免大学课程，帮助学生缩短大学学时、跳级，更可节省高昂的大学学费。更重要的是，据统计，拥有优异AP考试成绩的高中生在未来的大学学习中将有更加出色的表现和发展，美国各大学已将AP成绩看作衡量学生学习和研究能力以及应付高难度大学课程能力的重要指标。参加AP考试科目多、考分高的学生被美国名校另眼相看。英国、加拿大、澳大利亚等国也将此作为发放奖学金的主要条件之一。

斯坦福大学美丽的校园

哈佛大学校园雪景

⑤ACT考试

在美国，除了SAT以外还有一个针对高中生的类似于高考的考试叫ACT。

ACT，英文全称为American College Testing，中文名称为“美国大学入学考试”。ACT考试由美国大学测验组织机构ACT主办。ACT考试不是单纯的语言考试，而是对学生综合能力的测试。考试重视学生对基础课程的掌握并检查学生的一般学术能力，难度贴近高中程度。ACT考试在每年的2月、4月、6月、10月底和12月举行。其中4月、10月、12月的考试含写作。必考科目为四个部分：英语（English）、数学（Math）、阅读（Reading）、科学推理（Science Reasoning），另外，作文为选考。全部为选择题，共215道。总分36分，考试时间共175分钟。

图2-6 ACT考试的LOGO

ACT考试与SAT考试一样，它们既是美国大学的入学条件之一，又是大学发放奖学金的主要依据之一，以及对学生综合能力的测试标准。这个考试也被美国很多大学认可，其中中部和西部的院校居多。和SAT不同，ACT考试更像一种学科考试，它更强调考生对课程知识的掌握，同时也考虑到对考生独立思考和判断能力的检测。从难度上看，ACT考试比SAT更容易一些，尤其对中国的考生来说，选择ACT考试可能更容易在短期内获得相对满意的成绩。

和SAT不同的是ACT在中国大陆设有考点，但目前ACT仅允许GAC国际大学预科的学生参加考试。具有美国身份或持有效多次往返签证的学生可以在中国境内考ACT，而不需要参加GAC学习，因为他们可以随时飞往美国参加考试。因此欲在国内报名参加ACT考试的学生需就读GAC预科课程。

GAC国际大学预科课程简介：GAC（Global Assessment Certificate）是一种国际英语预科课程，ACT（American College Test）是美国高考的子课程。GAC由美国ACT Education Solution Limited开设，是全球最受广泛认可的国际大学预科课程。GAC全球评估证书教学中心遍布澳洲、英国、美国、日本、韩国等世界各地。在中国的北京、上海、香港、台湾地区、重庆、西安、杭州、长沙等地设有多个教学中心，这些教学中心一般都设有考点。成绩有效期为两年。

ACT的官方网址：http://www.actstudent.org

（2）素质准备

学习成绩，即学术上的“能力”，是申请美国大学必不可少的一项要素，除在学术“能力”上的准备之外，还必须在其他能力上进行刻意的准备，我把它称之为“素质准备”。“素质准备”又可分为“领导能力”的准备和“特殊能力”的准备两个方面。在领导能力方面，主要包括团队精神、组织才能、公益活动、奉献精神、纪律约束以及文明礼仪等。而在特殊能力方面，主要包括体育活动、艺术表演等。

有大量实例表明，并非只要学习成绩好就一定会被哈佛、耶鲁等大学录取。

对于所谓“好学生”，各国的标准是有差异的，可以举以下几个例子：

例一　哈佛大学的入学考试有7.5个分值指标，其中，文化知识考试只占1分，还有其他研究能力、艺术技能等多项指标。曾经担任过10年哈佛大学校长的陆登庭（Neil Rudenstine）教授认为一流的学生不能仅凭分数来评估。作为世界上最知名的大学，校长眼中的学生应该是这个样子：有创造性、广泛的兴趣、独立思考能力，这三点必不可少。

例二　美国一位学生在报考普林斯顿大学时，设计了一个方案，就用附近五金店里能够买到的材料，制造了一颗最原始、最简易的原子弹。结果，这个方案吓坏了联邦调查局。但普林斯顿大学坚持要录取他，联邦调查局也没办法。

例三　我女儿在清华附中时同班有个女同学G，这个孩子非常有个性，也很聪明，可就是有些“贪玩”，因此成绩平平。记得有一次开家长会，年级组长特别关照我回家后一定要提醒我女儿“不要像G同学……否则就会……”。他的说话中明确地给了我这样一个信息：至少在清华附中这位年级组长的眼里，只有学习成绩好才是评价“好学生”的唯一标准（现在恐怕在绝大多数老师的眼里都是如此，这位年级组长绝非个例）；学生有个性，不好好做作业，考试成绩平平竟然已严重到了成为“反面典型”。

我想，世界是“多样化”的，人的培养也不能按单一的模式去进行，扼杀个性的培养其结果则是泯灭人的创造性。

由于我们的教育导向是片面地追求“分数”，因此，现行教育制度下培养的学生的综合素质明显不足。例如团队精神，据我所知，西方教育培养出来的孩子在班级互动、团队合作方面要普遍强于中国孩子。

再比如，演讲能力。能够在大庭广众下有条不紊地进行表达的能力，中国学生普遍不如国外教育的学生。为什么？因为在我们的教育体系中缺乏足够的培养，没有锻炼的机会，自然就不如人家。这让我不禁联想到中国千百年来的“吏制”，按现在的说法就是“干部制度”。即便是现在，我们的干部仍多数是“推荐”出来的，从小他（们）都很少参与（关键是没必要有）激烈的竞争、演讲，所以他（们）的表达能力总体来说都是较差的。而在西方，不要说是总统，即使想当上议员，你不成百上千次地面对公众表达你的施政方针或种种承诺，你不在各种复杂的环境下现场回答各种“刁钻”的问题，你是担当不了你的职业角色的，而这种能力都是从小培养出来的。

再有，文明礼貌。在国外，若是上午，孩子们见到你都会说“Good morning”，从你跟前过都要说“Excuse me”，凡事都会说“Thank you”，这从一个方面反映了人的文明程度。中国的孩子见到别人多数都不说话，这就是差距。

以上这些例子，都反映了我们的不足，要使我们的孩子全面发展，这些方面都需要我们刻意去培养，而这些都属于“素质准备”要做的事。

当然还有一些特殊才能的培养，我建议大家千万不要放弃，因为这些“特殊的才能”，都是可以加分的。比如说MUN（模拟联合国）的活动，如今在中国，尤其像在北京、上海等大城市里，许多好学校都有这样的学生组织“模拟联合国”，北京的四中、二中、北大附中、清华附中都有。如果你能有这样的机会参加这些活动，你一定要去。好处在哪里？这些活动可以使你的综合能力得到训练和培养，如表达能力、外语能力、团队精神等等。另外，在有些美国大学的入学申请表中，就明确有一项“你是否参加过MUN”，因为他们认为参加过MUN的孩子更能说明他在某些方面具有特殊能力。此外，在能力及时间允许的条件下，还要积极参加各项社会活动，如学生会、学生电视台活动、当小记者等。

在此简单介绍一下“模拟联合国”。MUN，即“模拟联合国”的英文缩写。模拟联合国活动最早起源于美国，目前在美国的发展也最为成熟。虽然关于模拟联合国活动的起源并无明确的历史记载，但普遍公认这项活动起源于美国的哈佛大学。在联合国成立之前，哈佛校园就有一批对国际组织和国际政治充满了浓厚兴趣的学子。他们在积极活动的同时探索出新的模式，包括：模拟不同国家的外交官，参照国际联盟的议事程序讨论国际问题等。后来联合国成立，这种模拟形式也被传承下来，并逐步发展成熟，形成了模拟联合国活动。

经过60多年的发展，模拟联合国活动已经风靡全球，有国际大会、全国大会，还有地区级和校际间的大会，参与者从大学生到高中生，甚至初中生。同时，模拟联合国活动现已不再局限于对联合国机构的模拟，它已逐步发展成对其他全球或地区性多边组织、政府内阁、国际论坛等组织或会议的模拟。目前全球每年有近400个模拟联合国大会在五大洲的50多个国家召开。每年参与大会的师生来自世界100多个国家，总人数超过400万人。自2001年以来，模拟联合国走入中国并迅速发展，成为许多大学和高中里备受欢迎的活动。

模拟联合国活动关注的问题广泛，大多是当今世界各国面临的热点问题，在这样一个充满激情和挑战的全球化时代，在我国改革开放继续深化、国际局势依然复杂多变的背景下，积极参与这项活动不仅有助于孩子对联合国的了解，更为孩子打开了一扇了解世界的窗口，提供了一个舞台，让大家关心世界，用国际眼光来思考问题，讨论问题。模拟联合国活动中的议题主要涉及这些领域：和平与安全、恐怖主义、人权、环境、贫穷与发展、货币政策、石油危机等。模拟联合国活动涉及的学科：历史、地理、数学、文化、经济、军事、自然科学等 ，可以充分激发学生的学习潜能。

模拟联合国活动是一种体验式活动，特别是在英文会议中，代表们融入了外交情境，需要自觉自主地运用英语进行表达，这大大激发了学生学习英语的热情。在会议之前代表们必须做好准备，研究和学习一个国家的历史、政治、经济、外交政策等方方面面。准备的过程实际上是一个多种学科知识的整合过程，它打破了学科间的壁垒，形成了完整的知识体系。

模拟联合国活动是一种互动性极强的学习经历，青年人不仅能够学习和讨论国际事务，还能够通过实践来锻炼自己组织、策划、管理的能力，研究和写作的能力，演讲和辩论的能力，解决冲突、求同存异的能力，与他人沟通交往等多方面的能力。这些会让学生受益终身。

原联合国秘书长科菲·安南在一封致模拟联合国大会的贺信中说："联合国依靠世界上每个人的努力而存在，尤其是像你们这样的青年。这个世纪，不久就会是你们的。"当今的年轻人将是未来决策的制定者。模拟联合国就是这样一个活动，让青年人的领袖才能得到锻炼。中国正越来越多地在世界舞台上发挥作用，中国的年轻人也应该为迎接全球化挑战做好充分的准备。相信在模拟联合国的舞台上，青年学子能够上演精彩而震撼的一幕。

当然，这些能力都需要从小积累，到高三的时候再着手已经来不及了，这也是我再三强调要及早准备的原因。

2006年北京大学全国中学生模拟联合国大会

（3）阅历准备

只要孩子有能力、家庭有条件，就不要浪费孩子每次和社会接触的机会。能去实习的去实习，能出去观光的去观光。我们不能只把这些活动当成一种形式，更不能简单地认为是“玩”，这些活动可以让孩子在不经意间开阔眼界、增长见识。所以，如果能去参加英国、美国的夏令营，能去参加旅游，要支持孩子，没有坏处，这些阅历都是需要的。

这里我要特别提到一个孩子，X同学，她也是清华附中的学生，比我女儿高一届。她的故事与“哥德堡号”仿古商船有关。“哥德堡号”是18世纪瑞典的一艘著名商船。后来在一次航行中不幸沉没。1995年6月在瑞典开始重建。2003年建成后的“哥德堡号”仿古商船举行了盛大的下水仪式。2005年10月2日，“哥德堡号”仿古商船离开母港——瑞典哥德堡港，开始了意义非凡的中国之旅，这次远洋航行被媒体赞誉为“追逐太阳的航程”。2006年7月18日，“哥德堡号”仿古商船抵达广州外港。2007年6月9日，瑞典“哥德堡号” 仿古商船经过近两年航行回到它的故乡哥德堡市，在中瑞两国人民的深情注视和热切期盼下，中国国家主席胡锦涛和瑞典国王夫妇亲自主持了返航庆祝仪式，“哥德堡号”也圆满地完成了它的远航使命。可以说，“哥德堡号”仿古商船向人们再现了瑞中两国友好交往的历史，也展现了两国未来友好合作的美好前景。

“哥德堡号”仿古商船的首次环球航行共分为6个航段。其中，X同学和另一名北京的年轻人被推选参与了商船从澳大利亚到印尼航段的航行，5月18日至6月20日，历时33天。要知道，一个仅有18岁被父母视为“掌上明珠”的女孩儿，要远离父母的呵护去面对她人生中从未遇到过的困难，“环球航行中的生活条件十分艰苦，要应对汹涌的风浪、炎热的气候、晕船，甚至可能出现的海盗。”X同学说。

船上每天都进行升帆降帆、维护船体各项设施的活动，还要爬上40多米高的桅杆去解系缆绳。X同学自己描述航海期间的经历时说：“开始爬的时候倒是一点没有害怕，只是爬到一半就觉得要往下掉，不行了。尤其是在一个超级陡的斜坡上，大风，30多米，就像蜘蛛人。"

一个多月后再见到X同学时，她浑身是伤，手上有了很多茧子，腿上满是淤青，皮肤颜色明显要比周围的人黑。她说，这次环球航行将使她在今后的生活学习中更加独立。

敢于挑战自我，积累了如此难得的人生经历，毫无悬念，X同学顺利拿到了美国罗切斯特大学（University of Rochester）的入学录取通知书。

（4）经济准备

前面我曾说过，即使是孩子具备了各种条件，也不是每个家长都有能力把孩子送出去的，经济就是一个方面。出国留学在经济上的准备主要有三个方面，一是学费，二是生活费用，三则是需要一定的资金证明。

如果你的孩子没有申请到奖学金，将会产生多少花费呢？表2–3 列出了美国最具代表性的4所私立大学，哈佛大学、耶鲁大学、斯坦福大学和布朗大学2007年度的学费及年平均费用。可以看出，私立大学学费都在3万美元以上，其他的费用可能因人而异，但总的来说一年的费用大约要5万美元。表2–4列出了美国具有代表性的2所公立大学，弗吉尼亚州立大学和马里兰州立大学2007年度的学费及年平均费用。可以看出，公立大学学费大约在2万美元左右，而其他费用差距不大，所以公立大学一年的费用大约4万美元就够了。

将表2–3和表2–4稍作比较不难看出，同样都是一流大学，去公立大学一年的总开销要比去私立大学省大约1万美元。省在哪里呢？主要是学费，即同样都为一流大学，公立大学学费比私立大学大约要便宜1万美元。至于其他个人食宿费等，在美国差距并不是很突出。因此，如果要送一个孩子去美国读书，最好的私立大学一年大约需要5万美元，最好的公

瑞典“哥德堡号”仿古商船

立大学一年大约需要4万美元。4年就是16～20万美元，也不是一笔小数目，所以要提早做准备。

表2-3　美国典型私立大学2007年度学费及年平均费用

Harvard University

Tuition	$30,275
Student Services Fee	2,044
Health Services Fee	1,390
Room	5,328
Board(Meal Plan)	4,618
Estimated Personal Expenses, Including books and supplies	2,795
Total Budget	$46,450

Yale University

Tuition and Fees	$33,030
Room and Board	10,020
Books and personal expenses	2,800
Total	$45,850

Stanford University

Tuition	$31,200
Room and Board	9,932
Books and Supplies	1,260
Personal	1,875
Total	$44,267

Brown University

Tuition and Fees	33,888
Student Activity Fee	146
Room	5,690
Board	3,444
University Health Service Fee	586
Books	1,128
Personal	1,458
Total	$46,340

表2-4　美国典型公立大学2007年度学费及年平均费用

University of Virginia

Tuition and Fees	$26,135
Room and Board	6,870
Books and Supplies	1,000
Personal expenses	1,600
Total	$35,605

University of Maryland

Tuition and mandatory fees (two semesters)	$21,345
Living expenses for 12 months (room, meals, local transportation and incidental costs)	14,270
Books, supplies and medical insurance	3,000
Total	$38,615

耶鲁大学美丽的校园

这里要特别注意的是：尽管公立大学学费要比私立大学的便宜，但公立大学不向外国学生提供各种奖学金、助学金，而私立大学是可以申请的。私立大学根据申请人的具体情况经过一定的程序来决定是否向申请人发放奖学金。

表2-5　美国部分大学2011年度学费

学校	学校办学性质	排名	学费
Harvard University	私立	1	$ 39 849
Brown University	私立	15	$ 42 230
University of California –Berkeley	公立	21	$ 35 713
University of Illinois Urbana-Champaign	公立	45	$ 27 980
Tulane University	私立	50	$ 43 434
Purdue University	公立	62	$ 27 646
Texas Christian University	私立	97	$ 32 490
Washington State University	公立	115	$ 22 077
Temple University	公立	132	$ 23 422
South Dakota State University	公立	194	$ 8 924

表2-3和表2-4说明公立大学与私立大学在学费上的差别，而表2-5则说明美国名牌大学与一般大学之间的差别更为明显。同样是公立学校，有的一年学费2万多美元，有的只有几千美元，而这些一年学费只有几千美元的学校并不是“不入流”的学校。

此外，同一所学校，其学费是逐年上涨的。表2-6列出了美国布朗大学近4年学费及年平均费用，2007~2008年度是46 340美元，而2010~2011年度则已涨到了51 360美元，年平均增长率为3.5%。一般而言，美国大学的学费每年约涨3%～6%，这是必然的，因为不管哪个国家，社会通货膨胀总是存在的，只是多少或快慢而已。但是有一点也很明显，即你会发现你每年用人民币所支付的总钱数不是逐年增加，而是逐年减少的，道理很简单，因为近些年中国的人民币对美元的升值比美国大学的学费涨速要快。

表2-6　美国布朗大学近三年学费及年平均费用

2007-2008 Brown University	
Tuition and Fees	33,888
Student Activity Fee	146
Room	5,690
Board	3,444
University Health Service Fee	586
Books	1,128
Personal	1,458
Total	$46,340

2009-2010 Brown University	
Tuition and Fees etc.	38,048
Room & Board	11,080
Total	$49,128

2010-2011 Brown University	
Tuition and Fees etc.	39,928
Room & Board	11,432
Total	$51,360

最后还要说一下保证金的问题。从前，中国的老白姓都不是很富裕，因此去美国大使馆办理签证的时候，签证官们都把保证金看得很重，因为怕没有钱到美国后成为他们的社会负担。但现在，尤其是近几年随着中国经济的发展，中国人到大使馆办签证时，签证官通常已不把有没有钱上学放在重要的位置，很多孩子在办签证时签证官连问都不问。但是有时候签证官也会拒签，因此一定要为孩子做好一个资金证明。举个例子，2011年夏天我同事的孩子L同学去办签证，去美国一所非常好的大学，就是因

为签证官看了资金证明后，认为不符合要求而拒签。后来他找我咨询，让我帮他分析被拒签的原因，我看了他准备的签证材料后发现，他的资金证明中所列出的存款日期距离签证日期只有3个多月，这么大的一笔钱，存入银行只有3个多月，不能不让人怀疑是为此专门跟别人借来的，感觉他的家庭根本没有能力保证孩子未来几年的学业。当然这是签证官的主观意向，但至少让他抓住了把柄。因为签证不是100%发放的，总有几个会被拒签，他就成了其中之一。之后，他按照我的建议，再次去办签证时递交了一份存款期限较长（3~5年）的资金证明，顺利通过了签证。因此，如果你的孩子想出国，家长至少提前一年以上把一些银行存款规整好，不要随便取了再存，要保证有较长的存款周期，以防不测。

TIPS 3 美国大学的奖学金

在美国，国际学生可以申请的奖学金一般分为非服务性奖学金和服务性奖学金。非服务性奖学金一般基于学生的优秀程度，由学校无偿提供奖励。服务性奖学金则是有偿的，学生需要付出劳动才能获得。

留学生可申请的奖学金种类一般包括5种：

1. 助学金，奖励学业突出、全面发展的学生，相当于免除学杂费等上学所需的各种费用，因为奖励金额颇高，竞争也十分激烈。

2. 奖学金，相当于减免学杂费，是一种荣誉性的奖励。

3. 学费减免，指学生免交学费，但仍需支付其他杂费。

4. 助研/助教，这是一种服务性的扣税薪金，多由硕、博研究生担任，从事相关的助理研究和教学工作，除了免除学费，还可有一定收入。

5. 校内工作，也是一种服务性薪金，可以通过申请校内勤杂工作而获得。

当然，申请奖学金的留学生要具备一些条件，比如：SAT成绩2 100分以上、托福600分以上、雅思1 200分以上、GMAT600分以上、大学GPA3.0以上，以及发表的论文和获奖证书等。在申请时，除了填写申请表，还应准备好推荐信、个人简历、个人陈述、学历证明、托福/雅思/GMAT成绩单。其中，推荐信和个人陈述要精心准备，要能充分反映学生的学术能力和学习规划等。

6. 问题六：出国为什么首选美国?

我们送孩子出去留学，当然是为了培养他们，因此选择学校的时候肯定最重视两个问题：一是目标国家的教学、科研质量；二是学位的认可程度。下面将举例说明。

（1）教学、科研质量

美国人口占世界人口总数的比例不到5%，但诺贝尔科学奖获奖人数却占全球该奖获奖人数的70%以上（截至2004年，美国共有278位诺贝尔奖获得者）。

诺贝尔奖获奖人数虽然只是一个方面，但它却能从一个侧面客观反映并支撑美国教学、科研质量都很好的事实。所以，这一点大家不用担忧，应该有充分的理由相信美国在教学、科研质量方面是全世界一流的事实。

（2）学位的认可程度

中国教育部早在2003年就通过教育涉外监管信息网（www.jsj.edu.cn）

和中国留学网（www.cscse.edu.cn）首次公布美国、英国等10个国家的部分学校名单，供社会各界查询。

如果不放心，你完全可以到中国教育部网站上查找名单。这个名单每年会有很细微的调整，但耳熟能详、众所周知的名校一定会在这个名单里，所以对这些学校的学位认可程度也是没有问题的。为了确保将来回国就业时在学位认可上不会出现问题，你可以在完成学业后，到中国驻美国大使馆或领事馆教育处（这是中华人民共和国教育部派驻各大使馆、领事馆的派出机构，具有权威性）就近办理学位认证手续，有了经过认证的“洋”学位，回国后就万无一失了。

此外，我们还可以通过一些报道的具体数字来看，中国留学生出国留学首选美国的居多。

2010年7月28日《北京晚报》：

“美国依旧是中国学生的首选留学目的国。”（报道称，2009年中国留学生出国留学的目的国前4名及所占比例分别为：美国41.1%、澳大利亚15.1%、加拿大13.7%、英国6.8%）。

2010年11月16日《北京青年报》：

“中国已经超过印度，在留学生来源国中位居第一。在这其中，本科生占31.3%，研究生占52.1%。”

2011年11月15日《中国新闻网》：

“2010至2011学年，中国的留美学生总数达到15万7千余人，比上一学年激增了23%。自去年中国留美学生数量首次超过印度以来，今年中国已是连续第二年成为美国海外留学生最大的来源国。”（这篇报道还特别指出来自中国的留美学生中，本科生占47%）

2010年7月28日《北京晚报》这条新闻告诉我们，中国的留学生，多数选择了去美国留学。而2010年11月16日《北京青年报》和2011年11月15日《中国新闻网》的新闻则是对美国所接收的留学生进行了统计，说明中国留美学生已经连续两年超过印度，在赴美留学的生源国中位居第一。报道中还透露出这样一个信息，即在来自中国的留美学生中，本科生所占比例已由2009年的31.3%，提高到2010年的47%，本科出国的人数增长迅速，呈现明显的留学"低龄化"。

TIPS 4 学位的认定程序

经国务院学位委员会和国家教育部同意，教育部留学服务中心面向全国开展对国（境）外学历学位证书和高等教育文凭的认证服务。学历认证工作旨在落实中国政府的留学政策，促进教育国际交流，履行中国在有关国际公约和双边（多边）协议中应承担的义务；同时，也为了满足国（境）外学历学位证书、高等教育文凭获得者在中国升学、就业及参加各类专业资格考试等的实际需求；并为中国境内用人和招生单位鉴别国（境）外学历学位证书及高等教育文凭提供依据和相关咨询意见。

教育部留学服务中心学位学历认证系统实行网上申请。其申请及办理流程如下：

- 登录认证系统首页http://renzheng.cscse.edu.cn，注册新用户；
- 在线填写个人基本信息及提交认证申请表；

- 按要求到选定的验证点递交申请材料和缴纳认证费；
- 登录国外学历学位证书认证系统的注册账户，查询认证进度；
- 系统中的认证状态显示为“认证完成”后，领取认证结果。

该中心在全国多个省、自治区、直辖市设置了国（境）外学历学位认证申请验证点办理认证，不在北京的国（境）外学历学位获得者可以到离自己最近的验证点办理申请手续。各验证点的联系方式可以在中国留学网（www.cscse.edu.cn）上查阅。

7. 问题七：如何选择学校?

如何选择学校，我认为最主要的应考虑4个要素，即：专业水平与学校知名度、录取要求及往年录取情况、人文地理环境、经济实力。

对这4个要素如何考虑并最终作出选择，将在下一部分“申请篇”中作详细解答。

APPLICATION
三、申请篇

在“准备篇”中，我回答了家长及孩子们最关心的7个问题，这7个问题主要针对是否去美国留学的问题。而进入“申请篇”，则要解决“如何去美国留学”的问题，也就是介绍“如何申请美国的大学”。申请美国的大学是一件非常繁琐的工作，通过阅读“申请篇”，你可以基本了解“它”繁琐在哪儿、难点在哪儿，同时我还会为大家介绍一些实用的技巧。

这部分共分6个方面，分别是选择申请学校、查阅申请要求、准备申请材料、提交申请文件、跟踪申请情况和选择录取学校。

1. 选择申请学校

选择学校，最主要的是考虑专业水平与学校知名度、录取要求及往年录取情况、人文地理环境、经济实力等4个要素。

（1）专业水平与学校知名度

全世界有许多机构每年都要公布大学排名榜，由于统计的方法或追逐的目标不同，因此所得出的排名结果也不尽相同，有的甚至相差甚远。但无论如何，这些排名还是在一定程度上反映了各大学的客观水平。我们可以从这一类的排名榜中基本看出一所大学的专业水平与学校知名度。表3-1是*US News*于2011年9月13日公布的美国大学最新排名榜中的前25名大学。

斯坦福大学古朴的教堂

表3-1　2011年美国前25名大学

1 Harvard University（哈佛大学，20 379）
1 Princeton University（普林斯顿大学，7 802）
3 Yale University（耶鲁大学，11 701）
4 Columbia University（哥伦比亚大学，22 953）
5 California Institute of Technology（加州理工学院，2 175）
5 Massachusetts Institute of Technology（麻省理工学院，10 566）
5 Stanford University（斯坦福大学，19 535）
5 University of Chicago（芝加哥大学，12 781）
5 University of Pennsylvania（宾夕法尼亚大学，19 842）
10 Duke University（杜克大学，14 982）
11 Dartmouth College（达特茅斯学院，6 141）
12 Northwestern University（西北大学，18 935）
13 Johns Hopkins University（约翰霍普金斯大学，6 782）
14 Washington University in St. Louis（圣路易斯华盛顿大学，13 820）
15 Brown University（布朗大学，8 695）
15 Cornell University（康奈尔大学，20 939）
17 Rice University（莱斯大学，5 606）
17 Vanderbilt University（范德堡大学，12 714）
19 University of Notre Dame（圣母大学，11 992）
20 Emory University（埃默里大学，11 773）
21 University of California-Berkeley（加州大学伯克利分校，35 838）
22 Georgetown University（乔治城大学，16 871）
23 Carnegie Mellon University（卡内基梅隆大学，11 443）
23 University of Southern California（南加州大学，34 492）
25 University of California-Los Angeles（加州大学洛杉矶分校，39 445）

（资料来源：*US News* 2011年9月13日）

普林斯顿大学的后哥特式建筑

在表3-1中，前3名哈佛大学、普林斯顿大学、耶鲁大学是“第一阵营”。多年来，前3名的位置从来没有动摇过，只是前3名的次序偶有变化。比如，去年就是普林斯顿第一、哈佛第二、耶鲁第三，而今年就变成两个并列第一，一个第三，这种状态估计在未来的若干年内也不会有大的变化。在这张表里，有8个以蓝色列出的学校，就是大名鼎鼎的所谓“常春藤”学校；而2个以红色列出的学校，则是在当今美国公认的前25个最好的大学中仅有的2所公立学校。各个学校后面括号中的数字是当年在校注册的学生人数。看了这张表，你可能意识到，美国的好学校，可能私立大学占绝大多数。同时你也会注意到，好学校的人数通常都不会太多，而公立学校的人数往往较多。比如加州理工学校只有2 000多人，因为它似乎没有本科教育，基本上都是硕士以上的学历教育。再比如布朗大学，它是以本科教育见长，而硕士、博士教育相对薄弱，学生总数也不是很多。好的学校都有其侧重，或称之为“特点”，这里给大家提供一个基本概念。

TIPS 5 US News的美国大学排名标准

在此再简单介绍一下*US News*的美国大学排名标准。*US News*全称为*US News and World Report*，中文全称为《美国新闻与世界报告》，1983年开始发布关于美国大学及其院校的业务排名报道。以其评价标准的严谨科学，深受大众推崇，在美国众多大学排名中具有很高的权威性和参考价值。*US News*的排名情况一般会在每年的秋季发布，备受学校、学生以及家长的关注，是美国及全世界公信度较高的大学评测。

其评价标准共有7项：

1. 同行的评议。此项共占22.5分。可以有资格参与评议的人员包括两类：一是对大学情况比较了解的大学校长、教务长和招生院长；二是在第一线的高中教师辅导员。他们会对各个大学的学术水平及学校声誉等情况作出评议。

2. 新生留校率。此项共占20分。由两项参数组成：大学毕业率和新生留校率。前者主要看本科学生在6年时间里的毕业情况，后者是看新生留校的比例。

3. 师资力量。此项共占20分。这项排名由6项参数组成，分别为：教授的薪水福利、班级学生少于20人的情况、教授的最高学位比例、班级学生对于50人的情况、教授与学生的比例、全时职教授的比例。

4. 新生素质。此项共占15分。由3项参数组成，分别为：被录取学生的SAT或ACT成绩、学生在高中的年级排名、录取率。

5. 财政资源。此项共占10分。主要指美国大学每个财政年度在教学、科研、服务方面对学生提供的资金支持费用。

6. 毕业率。此项共占7.5分。主要指美国全国性大学和文理学院学生在6年内完成学业并且顺利毕业的学生比例。

7. 校友捐赠率。此项共占5分。主要反映了校友对母校的热爱、感激以及认可程度，以校友总人数每年对母校的捐赠百分比来衡量。

表3-2是上海交通大学世界一流大学研究中心最新发布的2011年《世界大学学术排名》，前500名大学中的部分国外大学和全部中国大学及其排名。这里先解释一下，选择上海交通大学发布的世界大学排

名，是因为它是目前在中国比较专业、公信度比较高的一种排名，每年由上海交通大学世界一流大学研究中心发布一次。你可能会觉得这个排名把某某学校的名次排低了，但是有一点你可以相信，即上海交通大学对自身的排名，自身如果能排第230名，就绝对不会排到231名。因此，以上海交通大学为基本参照点，这样的统计数据是可信的。

表3-2 2011年世界部分大学排名情况

1-10	美国8所	306	中国农业大学
1-10	英国2所	307	香港城市大学
11-100	美国45所	320	华中科技大学
		335	台湾交通大学
		336	台湾清华大学
		347	山东大学
112	台湾大学	348	四川大学
169	香港中文大学	352	中山大学
175	清华大学		
		402	北京师范大学
		403	北京航空航天大学
		413	大连理工大学
209	复旦大学	420	哈尔滨工业大学
217	南京大学	421	吉林大学
220	台湾成功大学	426	兰州大学
224	北京大学	435	南开大学
231	上海交通大学	437	台湾中央大学
237	香港理工大学	438	台湾阳明大学
238	香港科技大学	443	东南大学
242	香港大学	496	武汉大学
286	中国科学技术大学	497	厦门大学
300	浙江大学	498	西安交通大学

（资料来源：人民网 上海2011年8月15日电 记者姜泓冰）

现在，我们就从表3–2来看看中国大学的排名情况。在前100名中，第1名到第10名美国大学有8所，英国大学有2所。第11名到100名，美国大学有45所，世界前100名大学里面美国占了一半以上。中国排得比较靠前的，在前200名中有第112名台湾大学、第169名香港中文大学和第175名清华大学。通过这个排名，我们可以得出以下结论：

- 美国的前50名大学，都在世界的前100名内；
- 中国所有的大学都在世界100名以后；
- 至少有80所美国大学排在清华大学之前。

看了上述结论，你是不是可以考虑，在中国如果你上北大、清华的希望不大，抑或你根本就不热衷于上北大、清华的话，其实你到美国读任何一所前100名的大学都不见得比北大、清华差。就这一点，如果你有能力的话，还是到美国去读书吧！

表3–3列出了美国“常春藤”大学的名称，后面括号中为该校的建校时间及所在州名。

表3–3　美国“常春藤”大学

1. Harvard University	哈佛大学 （1636，MA）
2. Yale University	耶鲁大学 （1701，CT）
3. University of Pennsylvania	宾夕法尼亚大学（1740，PA）
4. Princeton University	普林斯顿大学（1746，NJ）
5. Columbia University	哥伦比亚大学（1754，NY）
6. Brown University	布朗大学（1764，RI）
7. Dartmouth College	达特茅斯大学（1769，NH）
8. Cornell University	康奈尔大学（1865，NY）

达特茅斯学院童话般的校园

英国人最早移民到美国的时候，发祥地是现在美国的东北部，也就是被称为“新英格兰”（New England）的地区。在新英格兰这几个美国最古老的州中，先后建立了一些大学，后来都成为了美国最好的大学，这其中就包括哈佛大学和耶鲁大学。以成立于1636年的哈佛大学（Harvard University）和成立于1701年的耶鲁大学（Yale University）为发起，与成立于1740年的宾夕法尼亚大学（University of Pennsylvania）和成立于1746年的普林斯顿大学（Princeton University）共4所大学，建立了联盟。由于这4所学校是建立联盟最早的学校，就使用了一个符号，即罗马数字中的“Ⅳ”来代表联盟，而罗马数字中的“Ⅳ”可以看成是英文字母“I”和“V”，如果再在英文字母“I”和“V”后面加一个英文字母“Y”，则是英文单词“IVY”，由于“IVY”的读音与字母“I”“V”合起来的读音完全相同，再取“IVY”的英文意思，即“常春藤”，这就是“常春藤联盟”（Ivy League）的由来。图3-1是美国“常春藤”大学的LOGO。

图3-1　美国“常春藤”大学LOGO

稍后，又有成立于1754年的哥伦比亚大学（Columbia University）、成立于1764年的布朗大学（Brown University）和成立于1769年的达特茅斯学院（Dartmouth College）3所学校加入了“常春藤”联盟，所以“常春藤”学校在相当长的一段时间内是7所大学。再后来，纽约州又有1所学校，即成立于1865年的康奈尔大学（Cornell University）也加入了“常春藤”联盟。所以“常春藤”盟校就由7所变成了8所，康奈尔大学的加入，使纽约州有2所大学成为“常春藤”盟校（纽约州的另一所是哥伦比亚大学），纽约州也是唯一一个有2所大学成为“常春藤”盟校的州。“常春藤”学校到目前为止仍为8所，这8所大学都是美国一流大学，它们历史悠久，治学严谨，教授水平高，学生质量好，早已成为美国最顶尖名校的代言词。

也正因为如此，在美国乃至全世界，许多学生都把能进入美国“常春藤”大学作为自己学习奋斗的目标。

TIPS 6 上海交通大学《世界大学学术排名》

上海交通大学世界一流大学研究中心于2003年首次发布《世界大学学术排名》（以下简称“上海交大排名”），以其评价体系的客观和透明引领了国际大学排名的浪潮，在世界各地得到了广泛报道和引用。许多政府和大学从该排名出发，分析比较本国、本校的情况，采取各种举措来提升大学的国际竞争力。

"上海交大排名"每年发布一次。排名以国际上可比较的科研成果和学术表现作为主要指标，包括获诺贝尔奖和菲尔兹奖的校友百分数、获诺贝尔奖和菲尔兹奖的教师百分数、各学科领域被引用次数最高的科学家人数、在《自然》和《科学》杂志上发表的论文折合数、被科学引文索引（SCIE）和社会科学引文索引（SSCI）收录的论文数、师均学术表现等。《世界大学学术排名》采用的都是可以验证的第三方客观数据，排名的目的、方法、数据来源等内容都公布在网上，其网址为http://www.ShanghaiRanking.cn，每所大学都可以通过与其他大学的数据比较对排名的结果进行核查，排名完全透明。

上海交通大学世界一流大学研究中心于2011年1月启动了全球研究型大学数据库计划，旨在收集更丰富的世界各国研究型大学的数据、研发更多反映大学整体水平和国际竞争力的指标，从而更好地服务于各国高等教育发展和一流大学建设。此外，该中心还邀请了10余名高等教育研究领域的世界知名学者、权威国际组织和非营利机构的顶尖政策研究人员，以及世界知名大学的前校长，成立了ARWU国际顾问委员会，就《世界大学学术排名》等相关研究项目向排名团队提供专业意见与建议。

（2）录取要求及往年录取情况

选择申请学校要考虑的第二个要素是学校的录取要求及往年的录取情况。几乎每所学校对进入该校的学生都有一个最基本的要求，同时每所学校也会把每年的录取情况统计后再进行公布，以供申请报考的学生参考。有关对学校录取要求的把握在本篇第二部分中还将作具体介绍，此处不再赘述。通过查阅该校的录取率，并对比自己的实际情况，也可以基本确定自己是否有实力申请该学校。

截至2012年3月31日，美国所有“常春藤”大学均已公布了2012年新生录取的结果。

今年哈佛申请人数为34 302人，被录取学生仅有2 032人，录取率仅为5.9%，这是哈佛大学本科新生录取的历史新低。

耶鲁新生录取也创历史新低，其录取率为6.8%，低于去年的7.35%。耶鲁大学申请人数为28 974人，被录取的仅1 975人。

普林斯顿大学录取率是7.9%，创该校历史新低。它今年录取了2 095名新生，而申请人数却多达26 664人。

表3-4列出了近三年美国“常春藤”大学的录取率。从该表中可以看出，哈佛、耶鲁等大学的录取率都在10%以下。有人可能会说，这些学校的录取率还是挺高的，每十几个申请人中就能有1人被录取。不过，请大家注意，敢于申请这些学校的都不是“等闲之辈”，都是认为自己有实力被录取的学生。事实上，没有一定实力的学生根本就不会申请这些学校，申请的都是认为自己有希望申请上的，在这些申请的“精英”中也只有百分之几被录取，其竞争的激烈程度可想而知。

首先对自己的实力作一个较为客观实际的评价，再对照相应档次学校录取的可能性，即录取率，基本可以找到适合自己申请的学校。

表3-4　美国“常春藤”大学2010~2012年本科新生录取率

学　校	2012年本科新生录取率	2011年本科新生录取率	2010年本科新生录取率
Harvford University 哈佛大学	5.9%	6.17%	6.92%
Yale University 耶鲁大学	6.8%	7.35%	7.5%
Columbia University 哥伦比亚大学	7.4%	6.93%	9.16%
Princeton University 普林斯顿大学	7.9%	8.39%	8.18%
Dartmouth College 达特茅斯学院	9.4%	9.73%	11.53%
Brown University 布朗大学	9.6%	8.70%	9.3%
uni.of Penn.宾夕法尼亚大学	12.3%	12.26%	14.22%
Cornell University 康奈尔大学	16.2%	17.95%	N/A

（3）人文地理环境

在选择申请学校时，不少家长或学生对学校的环境还会有诸多考虑，这里所说的环境主要是指地理位置及学校周边环境。

先说说学校的地理位置。有的家长对我说：“我的孩子就想去美国西部上学，因为离中国近，孩子去上学或我们家长去看孩子都比较方便”。我可以告诉你，如果你抱着这个先决条件去选择美国学校，其中有一点是错误的，而另一点是不现实的。

“一点是错误的”源于地球是圆的，而现在的飞机都是全天候的、跨越北极飞行，从中国到美国东部并非跨越太平洋飞行。事实上从北京到旧金山或洛杉矶的飞行时间与到华盛顿或纽约的时间是相当的，大约都是12～13个小时。

“另一点是不现实的”：我用25个红点把*US News*2011年9月13日公布的美国大学最新排名榜中前25名大学的地理位置标在美国地图上。（图3-2）显而易见，好的学校基本上都集中在美国东部，西部的选择空间其实并不大，只有4所大学。如果想把到好学校读书的目标放在首要位置，定位在美国西部就是极不现实的选择。

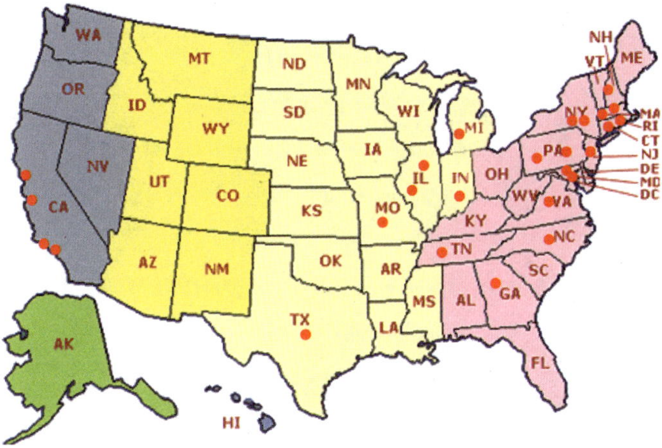

图3-2　2011年美国前25名大学地理分布

再说说选择学校周边环境的问题。我们举两个比较极端的例子。一个是哥伦比亚大学（Columbia University），另一个是康奈尔大学（Cornell University）。

曾有人对我说，他不喜欢哥伦比亚大学，因为哥伦比亚大学就在纽约曼哈顿岛上，太闹了，不利于学习。又有人说，不喜欢康奈尔大学，因为它在一个非常幽静的地方，那个地方除了学校没有别的东西，生活太枯燥，容易患抑郁症。我要告诉大家一件真实的事情：我的孩子在申请大

康奈尔大学美丽的校园

学时，有一天她回来对我说："我不去康奈尔。"我问："为什么?"她说："同学告诉我，康奈尔那个地方人太压抑，除了念书没有别的地方去，年年都有自杀的学生。"我想，这可能也是事实。碰巧，有一天我遇到当时的清华大学常务副校长，问起康奈尔大学年年都有学生自杀的事，他对我说："这有什么，我们清华大学周边够热闹的吧，不也年年有学生自杀！"所以，要说学校周边的环境，应该不是一个重要问题。试想，如果你有机会去康奈尔大学读书的话，我奉劝你，毫不犹豫地去。

毕竟，有机会去知名学府读书是多少人梦寐以求的事，千万不能错过。

（4）经济实力

在选择申请学校时，还有一个不得不考虑的因素，就是经费问题。

在前文"准备篇"的"问题五：出国要准备什么"一节中我告诉大家，若要念私立大学一年要准备5万美元，而公立大学一年也要准备4万美元，这个费用在美国前50名大学中差距不大。因此，如果你的家庭对于支付你上学的费用有相当难度的话，那么，请你在选择申请学校时就要把经济实力或是否能获得奖学金作为一个重要条件来加以考虑。另外再提醒一下，虽然私立学校大约是一年5万美元，公立学校大约是一年4万美元，但公立学校是不对外国人提供奖学金的；如果你一定要申请奖学金，那就只能是私立学校。

要了解更多关于学校的信息，主要有如下方法：

①学校网站

几乎每个学校都有自己的网站。一般来说，你想了解的，网站上都有。特别是有关申请的信息，你可以查阅该校网站上的招生信息（Admissions），在其下通常会有一个FAQ（Frequently Asked Questions，即“经常要问到的问题”），在那里几乎回答了你所有最关心的问题，包括历年来的录取比例， GPA、SAT或托福平均录取成绩是多少，一年的学费是多少等等。

②参考书

美国一些机构或学校每年都要编辑出版一些有关大学录取的参考书，类似于中国的“招生简章”。著名的有*Petersons Guide*（http://www.petersons.com）或*Fiske Guide to Colleges*（http://www.fiskeguide.com）等，这类书美国各大书店都有出售，在中国“新东方”培训机构的书店中有时也能买到介绍这方面情况的原版书。

③美国大学网上申请网站

美国大学网上申请网站是“Common Application”（https://app.commonapp.org），这个网站是美国现在许多大学都认可的、专门用于申请的公共平台。通过这个申请平台可以直接链接到你所感兴趣的学校，非常方便。

④留学网站

第4种获取美国大学有关信息的方法就是登录一些“留学网站”。现在中国的“留学网站”多如牛毛，提供的信息很多，甚至可以咨询，但要注意甄别真伪，防止上当。

关于选择多少所学校申请为好，我的建议是：即便你觉得自己非常优秀，在排前3名的学校中选1所也就可以了，1到20名里选2至3所，20到30名里选1至2所，30到50名里选1至2所，100名以后的也不妨选1所。当然，如果有些孩子更看重专业，则要看该校的专业排名，有的学校虽然排名比较靠前，但有的专业不见得很好。就总体而言，一般选择8至10所左右，拉开档次即可。

TIPS 7 Common Application简介

通用申请会员联合会（Common Application Membership Association）是1975年由15所私立大学发起成立的，其宗旨是希望能为联合会的会员院校提供一种通用的、标准的大学录取申请表。

在美国国家中等学校校长协会（NASSP）的管理支持下，这个组织已经稳步走过了最初的30年。

在最近的第四个十年中，现在的Common Application已发展成既可网上申请，又可打印出表格进行申请；既可用于新生入学申请又可用于在校生的转学申请的公共平台。其会员亦已发展到全美包括哈佛、耶鲁、普林斯顿等名校在内的各个领域，超过400所的高等院校，包括公立和私立、大型和小型、有名和一般、东海岸和西海岸等。

Common Application作为一个通用申请平台，对于赴美留学申请非常重要，每年10月份该网站开始启动 下一年的申请，若早于这个时间则无法在网上输入申请内容。

虽然目前大部分美国大学书面申请和Common Application都接受，但是网络申请取代传统书面申请的趋势却不可阻挡。Common Application比传统的书面申请有利于学校和学生双方节省时间，节省成本，网上申请，已经成为目前的主流。需要注意的是，Common Application在表格格式和考察重点上可能和某一特定的学校有出入，无法精确反映学校最关注的重要内容。所以，每所学校在Common Application之外还有Supplement来补充，这一点要特别留意。

Common Application的官方网址是：https://app.commonapp.org

2. 查阅申请要求

每所学校都有每个学校录取的具体要求，又都有其录取的统计信息，这都需要你从大量的信息中将自己最关心的一些数字、信息挑选出来，工作量巨大。

下面就几项必须明确查清的信息进行一一说明。

（1）录取方式（RD/ED/EA）

美国大学的录取方式主要有三种，即RD（Regular Decision，常规录取）、ED（Early Decision，具有约束力的提前录取）和EA（Early Action，不具约束力的提前录取）。申请人首先要明确你想要的录取方式，然后再逐一将相关信息查出来。

（2）申请起/止日期

不管你选择了何种录取方式（RD、ED或 EA），都有其对应的明确的申请起/止日期，这个申请起/止日期对申请人来说很重要，直接关系到你何时可以进行申请、何时申请截止（过了这个日期就得下一年见了！）。而且，有的学校对于申请表（注意：申请表是一套表，不是一种表，更不是一张表）中不同表的递交截止日期也不尽相同，这时你就必须把要申请的每所学校、不同录取方式、不同截止日期的表格仔仔细细地都找出来，记录下来，以防漏填。

（3）申请方法（网申/表申）

现在通常都是（或强力推荐）网上申请，而网上申请用得最多的是通用申请系统（Common Application）提供的一个公共申请平台，图3-3为2008~2009年度通用申请系统（Common Application）申请表第一页的形式，其内容近年来并无太大变化。

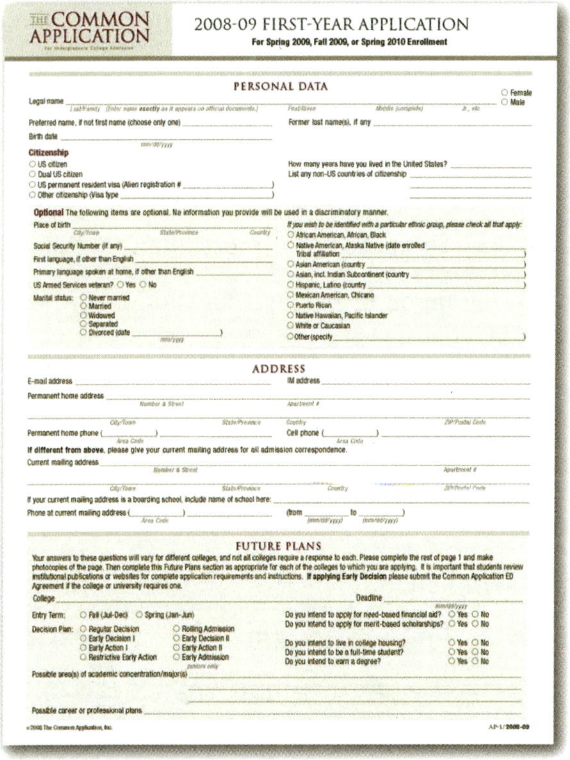

THE COMMON APPLICATION

For Undergraduate College Admission

2008-09 FIRST-YEAR APPLICATION

For Spring 2009, Fall 2009, or Spring 2010 Enrollment

PERSONAL DATA

Legal name ______ Last/Family (Enter name **exactly** as it appears on official documents.) First/Given Middle (complete) Jr., etc. ○ Female ○ Male

Preferred name, if not first name (choose only one) ______ Former last name(s), if any ______

Birth date ______ mm/dd/yyyy

Citizenship

○ US citizen
○ Dual US citizen
○ US permanent resident visa (Alien registration # ______)
○ Other citizenship (Visa type ______)

How many years have you lived in the United States? ______
List any non-US countries of citizenship ______

Optional The following items are optional. No information you provide will be used in a discriminatory manner.

Place of birth ______ City/Town State/Province Country
Social Security Number (if any) ______
First language, if other than English ______
Primary language spoken at home, if other than English ______
US Armed Services veteran? ○ Yes ○ No
Marital status: ○ Never married ○ Married ○ Widowed ○ Separated ○ Divorced (date ______) mm/yyyy

If you wish to be identified with a particular ethnic group, please check all that apply:
○ African American, African, Black
○ Native American, Alaska Native (date enrolled ______ Tribal affiliation ______)
○ Asian American (country ______)
○ Asian, incl. Indian Subcontinent (country ______)
○ Hispanic, Latino (country ______)
○ Mexican American, Chicano
○ Puerto Rican
○ Native Hawaiian, Pacific Islander
○ White or Caucasian
○ Other (specify ______)

ADDRESS

E-mail address ______ IM address ______
Permanent home address ______ Number & Street Apartment #
______ City/Town State/Province Country ZIP/Postal Code
Permanent home phone (______) ______ Area Code Cell phone (______) ______ Area Code

If different from above, please give your current mailing address for all admission correspondence.

Current mailing address ______ Number & Street Apartment #
______ City/Town State/Province Country ZIP/Postal Code
If your current mailing address is a boarding school, include name of school here: ______
Phone at current mailing address (______) ______ Area Code (from ______ to ______) (mm/dd/yyyy) (mm/dd/yyyy)

FUTURE PLANS

Your answers to these questions will vary for different colleges, and not all colleges require a response to each. Please complete the rest of page 1 and make photocopies of the page. Then complete this Future Plans section as appropriate for each of the colleges to which you are applying. It is important that students review institutional publications or websites for complete application requirements and instructions. **If applying Early Decision** please submit the Common Application ED Agreement if the college or university requires one.

College ______ Deadline ______ mm/dd/yyyy

Entry Term: ○ Fall (Jul-Dec) ○ Spring (Jan-Jun)
Decision Plan: ○ Regular Decision ○ Early Decision I ○ Early Action I ○ Restrictive Early Action ○ Rolling Admission ○ Early Decision II ○ Early Action II ○ Early Admission (juniors only)

Do you intend to apply for need-based financial aid? ○ Yes ○ No
Do you intend to apply for merit-based scholarships? ○ Yes ○ No
Do you intend to live in college housing? ○ Yes ○ No
Do you intend to be a full-time student? ○ Yes ○ No
Do you intend to earn a degree? ○ Yes ○ No

Possible area(s) of academic concentration/major(s) ______
Possible career or professional plans ______

© 2008 The Common Application, Inc. AP-1/2008-09

图3-3　网上申请表示例

下面的两段文字来自于通用申请系统（Common Application）的官网，大意是：到目前为止，通用申请系统（Common Application）已被美国300多所大学认可。

- The Common Application membership association was established in 1975 by 15 private colleges that wished to provide a common, standardized first-year application form for use at any member institution. With the administrative support of the National Association of Secondary School Principals (NASSP), the organization grew steadily throughout its first 30 years.

- Now in our fourth decade, the Common Application currently provides both online and print versions of its First-year and Transfer Applications. Our membership of more than 300 institutions now represents the full range of higher education institutions in the US: public and private, large and small, highly selective and modestly selective, and East Coast, West Coast, and every region in between.

有了网上申请，就减少了很多不必要的麻烦。比如以前申请10所学校，要请10所学校寄申请表，每所学校的表又都不一样，要填10份不同的表，再逐一邮寄。现在这个工作简化为只要从网上填一份表、分别发给10所学校就可以了，所以一定要尽量用“网申”，省时、省力、省钱。

此外，为了照顾某些偏远或贫穷地区的通讯、网络情况，部分学校仍可提供纸质的表格供申请人选择使用。当然，这种情况还需向学校事先专门提出申请邮寄申请表。

（4）所需申请文件、材料

如果选择了网申，并使用了通用申请系统（Common Application）公共申请平台，其所要求的具体申请文件以及材料为：

a. Application for Undergraduate Admission（大学入学申请表）

b. Teacher Evaluation 1（推荐信1）

c. Teacher Evaluation 2 （推荐信2）

d. School Report （高一、高二成绩单，含推荐信3）

e. International Supplement to the Report（国际学生的补充表格）

f. Early Decision Agreement（先期录取协议）

g. Midyear Report（高三期中考试成绩单）

h. Final Report（高三期末考试成绩单）

i. Supplement to the Common Application（通用申请的补充表格，视各学校具体要求而定）

j. 申请奖学金（视具体要求而定）

k. 近照（视具体要求而定）

l. 其他（视具体要求而定）

有关各项具体内容将在下文“准备申请材料”一节中进行说明。

（5）对考试的要求（TOEFL/SAT/GPA）

查阅每所学校的申请要求时，申请人最关心的、也是最重要的一个数字就是该校的录取分数，即托福、SAT和GPA的具体要求。美国每所大学所给出的上述考试分数要求的表示形式不尽相同，表3-5列出了哈佛大学（Harvard University）和马里兰州立大学（University of Maryland）对托福、SAT、GPA考试的要求，这两所大学分别是美国一流的私立大学和公立大学，他们对托福、SAT、GPA考试成绩的要求和表示方法极具代表性。

表3-5 马里兰州立大学和哈佛大学对考试的要求（TOEFL/SAT/GPA）

学 校	TOEFL（必考）	SAT	GPA
大学I University of Maryland	575 (paper-based test) 233 (computer-based test) 84 (internet-based test)	1240~1380 (Middle 50%)	≥3.5
大学II Harvard University	600 (paper-based test) 250 (computer-based test) 100 (internet-based test)	600~800 (SATI each section SATII subject tests)	≥3.7

下面对表3-5中的一些数字作些解释。

①关于托福成绩

对母语为非英语的申请人来说，托福成绩是必需的。但不同的学校其要求也不同，有的甚至还相差较大。以表3-5为例，马里兰州立大学对托福的要求是84分（网考），而哈佛大学则需100分（网考）。我再强调一下，并不是高于100分就一定录取，也不是低于100分就一定不被录取，我就认识一个被哈佛录取的托福低于80分的学生，但这个孩子必有其他“过人”之处，学校列出的只是“一般情况下”的录取要求。

②关于SAT成绩

表3-5中两所学校对SAT成绩的表示方法完全不同，这也是最典型的2种表示方法，下面将作重点介绍。

马里兰州立大学对SAT成绩的要求是1 240分至1 380分（注：这里列

出的是SATⅠ为2门、满分为1 600分时的要求。2005年SAT进行了一次改革，改革后，SATⅠ为3门、满分为2 400分）不过请注意后面的括号里注明了“中间的50%”，这里指，去掉比这个分数低的25%，同时去掉了比这个分数高的25%，中段的50%的最低分是1 240分，最高分是1 380分。这种表示方法比用所有录取分数的“中位数”表示要直观，比用所有录取分数的“平均数”表示更准确。因为不管是用“中位数”还是用“平均数”来表示都看不出录取分数的分布情况。

哈佛大学的表示方法相对而言要简单得多，就是要求SAT中的每一门考试都是600分到800分。其实，这显得绝对了点，我相信哈佛一定会有低于600分的学生被录取，事实上，考试成绩高于800分也不可能。所以这种方法虽简单，但不是十分科学。

下面要解释一个更重要的问题：“中国内地没有SAT，我的孩子一定要提供SAT成绩吗？”这个问题我当年帮助女儿申请的时候，或用电话、或用传真、或用电子邮件的方式专门咨询过一些学校，所有的回答归纳起来，不外乎有3种。

第一种：“我们知道中国内地没有开设SAT考试，所以我们从来就没有对中国内地的申请学生强求一定要有SAT成绩。”

第二种：“我们知道中国内地没有SAT，但是我们知道在中国的香港和台湾地区，及周边很多国家都有SAT 的正式考试，我建议你不妨去考一考。”

第三种：“我知道中国内地没有考SAT，但是我们知道中国大学早就有GRE和GMAT考试，如果你的孩子能证明语言能力的话，我建议你去考GRE或GMAT。”

三种回答的共同点是“不必要”。几年前，我孩子申请的时候确实可以把“不必要”理解为“不要”，事实上当时确实有不少孩子没有提供SAT成绩就申请成功了。但是，时过境迁，今非昔比，四五年前可以，现在变化太大了，现在没有SAT我不敢说一定不被录取，但我敢说，如果两个学生都差不多，那么肯定不会选没有SAT的，因为能提供SAT成绩的学生大有人在，我为什么不录取他们呢?

③关于GPA成绩

关于GPA成绩，当然是越高越好，每所学校也会列出一个对GPA的基本要求，例如表3-5中马里兰州立大学为3.5，而哈佛大学则为3.7。但还是那句话，GPA不是决定你是否被录取的唯一因素，最典型的回答如下（来源于马里兰州立大学网站）：

Q: What GPA do I need to get in?

A: The University of Maryland does not grant admission based solely on a grade point average. The admission process is rigorous and individualized and involves over 25 different factors in the review. Typically successful freshman applicants present a transcript that reflects academic rigor in the curriculum (some honors classes) and proficiency within the demanding schedule (mostly A□s and B□s).

（我们马里兰州立大学一共有25个不同的因素来决定你是否录取，GPA仅仅是其中之一……）

（6）其他所要求的重要信息

这里要提醒一下，尽管用了“网申”，但不排除有个别学校还有特殊要求。比如申请宾夕法尼亚大学，它除了通用申请系统（Common Application）所要求填的一套表格外，还额外要求填一个“表7”，申请时要特别留意。

查阅申请要求，究竟有多大的工作量？如果你已选定了10所学校，那么按照上面的介绍，每所学校你都必须查清楚申请起/止日期、申请方法（网申/表申/兼有）、所需申请文件/材料、申请类型（RD/ED/EA）、对考试的要求（TOEFL/SAT/GPA）、其他所要求的重要信息……这其中的截止日期、邮寄地址、考试分数等等各种信息要逐一查询，选择10所学校，这些信息又得乘以10倍，单凭记忆是记不住的，因此，我建议你可以做一个表，表3-6是我在帮助女儿申请美国大学时设计的“申请信息一览表①”，你可以借鉴使用。

宾夕法尼亚大学的教学楼

表3-6 申请信息一览表①

序号	学校	报名表邮寄地址（报名费）	截止日期	提交、寄件记录	收件记录	备注
1	Univ of Virginia	Office of Admission, Univ of Virginia, P.O.Box 400160, Charlottesville, VA 22904,USA ($60/)	RD 01.02/Parts1-2 01.10/Part3 02.15/Part4 03.01/finaid 04.01/notification 05.01/response			Financial Guarantee Check Application Status (username, password)
10	Duke Univ	Undergraduate Admissions 2138 Campus Drive Box 90588, Durham NC 27708-0588 ($75/11.09)	RD 12.10/interview 01.02/apply 03.01/finaid early-April/ notification	10.14/ com 11.09/ sup	Com No. 968572 11.13/sup 10.17/com	12.08/apply interview Application Checklist (jiangruyi, 19900130)
15	Univ of pemsyl-vania	Office of Undergraduate Admissions, Univ of Pennsylvania, 1 College Hall, Philadelphia, Pennsylvania, 19104-6376 USA ($70/10.14)	ED 11.01/apply 12.15/notification 01.01/response RD 01.01/apply 02.15/finaid early-April/ notification 05.01/response	10.14/ com 10.25/ sup	Com No. 968572 Within 3 weeks notification	(215)898-7507 eapps@ admissions. upenn.edu

TIPS 8 美国大学的录取方式

美国大学的录取方式总体而言有三种，即ED（Early Decision，具有约束力的提前录取）、EA（Early Action，不具约束力的提前录取）和RD（Regular Decision，常规录取）。

ED即有约束力的提前录取。ED是在先期申请中获得的录取，但是只可申请一所学校，而且在被学校录取后不得申请其他学校，即ED具有一种绑定的义务。这种方式要求学生承诺被录取后，必须前往该校就读，否则其他学校也不会录取该生，因为这涉及诚信问题。唯一可以不履行绑定义务的理由是：录取学校无法满足被录取学生提出的关于奖学金的申请要求，因为一旦学校无法提供奖学金，学生将无法承担学习生活开销，将不能保证正常的学习生活，以此为理由申请人可以同校方协商放弃录取。

EA即不具约束力的提前录取。与ED不同的是学生即使被录取也可以重新申请其他学校。EA无需履行任何绑定义务，此方式不要求学生必须接受录取结果，学生在众多录取学校中有选择的权利，即使被学校拒绝，其他申请也不会受影响，这种方式有益于大多数申请者。不过有这种申请模式的学校通常录取要求都比较高，学生一般在次年4月或5月给予学校答复是否入学，在申请EA的同时，可以进行其他学校的正常申请。

ED、EA的申请截止日期一般比较早，通常在每年的11月1日或11月中旬，而录取的结果一般在12月中旬就可以知道了。以上两种录取方式适合于申请美国大学排名前50名学校的学生，一般来说，他们的中学平均成绩应达85分以上，托福95分左右，SAT至少1 800分以上。而通过RD申请美国大学排名前50名的学校，要求则比ED和EA高一些。

RD即常规录取。一般每年1月截止申请，4月录取。这种录取方式比较适合申请美国大学排名50名以后学校的学生。申请全美前50名综合性大学的本科，获得奖学金的概率都不高。如果学生想申请奖学金的话，可以考虑一下文理学院。此类学校十分重视本科生教育（无研究生教育），其教育质量与排名靠前的综合性大学相比并不逊色，而此类学校一般都会为留学生提供高额奖学金。

如果想申请美国大学排名前50名的学校，ED和EA必须把握住机会。一般来说，很多ED、EA申请的录取率是RD录取率的2~3倍。对于申请名校的学生而言，提前录取的要求相对正常申请的要求要低一些，如果提前得到录取结果，也就不必再经历漫长的等待了。

3. 准备申请材料

（1）填写申请表

查清了各个学校的申请要求后，就要按照各个学校的具体要求准备申请材料了，其中最重要的一项工作就是填写申请表。

如果选择了网络申请，并使用了通用申请系统（Common Application）公共申请平台，其所要求的具体申请文件、材料如下：

a. Application for Undergraduate Admission（大学入学申请表）

b. Teacher Evaluation 1（推荐信1）

c. Teacher Evaluation 2 （推荐信2）

d. School Report（高一、高二成绩单，含推荐信3）

e. International Supplement to the Report（国际学生的补充表格）

f. Early Decision Agreement（先期录取协议）

g. Midyear Report（高三期中考试成绩单）

h. Final Report（高三期末考试成绩单）

i. Supplement to the Common Application（通用申请的补充表格，视各学校具体要求而定）

j. 申请奖学金（视具体要求而定）

k. 近照（视具体要求而定）

l. 其他（视具体要求而定）

其中：

a项是申请人的一般情况。

b、c项是老师推荐信。

d项是学校的成绩单，通常情况下，你是在高三的上学期开始申请，那时你只有高一、高二的成绩单，因此后面要提供g、h项成绩单。

e项是国际学生要填的一个补充表。

f项是一个关于先期录取（Early Dccision）的协议，即你要承诺如果学校先期录取了你，除非特殊原因，你必须接受这个录取。

i项则是为各个学校“预留”的其他要求的表格。

如果你要申请奖学金，则要填j项的表格。

k、l项则是根据学校具体要求提供。

以上各项表格中所需的内容，除推荐信和短文（Essay）以外，其他内容的填写一般不会有太大的难度，只需认真、据实填写即可。关于推荐信和短文（Essay）的准备后文将专门单独介绍。

尽管用了通用申请系统（Common Application），但各个学校的要求仍不是完全一致，加之我们往往都是申请多所学校，各个学校所要求填写的表格其进展程度也不尽相同，为了不出差错，我建议你对应每个学校再做一个“某某大学所需申请材料及进展情况一览表②”，如表3-7所示。

表3-7　宾夕法尼亚大学所需申请材料及进展情况一览表②

	内　容			状　态	备　注
1	Application for Undergraduate Admission	填表	提供信息	已提交	
2	Common Application Short Answer	改定	草稿	已提交	
3	Common Application Essay	改定	草稿	已提交	
4	Teacher Evaluation 1	填表	提供信息、签字	已完成	
5	推荐信1（数学老师、班主任）	改定	草稿、签字	已完成	
6	Teacher Evaluation 2	填表	提供信息、签字	已完成	
7	推荐信2（英语老师）	改定	草稿、签字	已完成	
8	School Report	填表	提供信息、签字	已完成	
9	推荐信3（物理老师、年级组长）	改定	草稿、签字	已完成	
10	学校成绩单		提供	已完成	
11	International Supplement to the Report	填表	提供信息、签字	已完成	

续表

	内　　容			状　态	备　注
12	会考成绩单		提供	已完成	
13	Early Decision Agreement	填表	提供信息、签字	已完成	
14	Midyear Report	填表	提供信息、签字		if applicable
15	三年级（中）成绩单		提供		
16	Final Report	填表			if applicable
17	三年级（末）成绩单		提供		
18	Penn Supplement to the Common Application 2007	填表	提供信息	待提交	
19	Question 3a	改定	草稿	待定稿	
20	Question 3b	改定	草稿	待定稿	
21	Penn Essay 4a	改定	草稿	待定稿	
22	Penn Essay 5a	改定	草稿	待定稿	
23	申请奖学金	填表	提供信息		
24	简历	改定	草稿	已完成	if need
25	小册子	改定	草稿、印刷	已完成	
26	近照		提供	已完成	
27	推荐信4（美国老师）		签字	待告邮寄地址	

宾夕法尼亚大学沃顿商学院

（2）推荐信

准备的所有申请材料里，要特别重视两项内容，一个是推荐信，另一个是短文（Essay）。

推荐信实际上是3封，除了2封独立的推荐信以外，在成绩单里还要对学生写一段评价，其在内容和形式上都和推荐信类似，这就需要至少3个独立的自然人来完成此事。推荐信应该请你的老师或最了解你的人来写，当然也可以是同学推荐。对申请学校来说，推荐信是极其重要的一项内容。一般中国老师写的推荐信都比较简单（可能是受语言表达习惯上的局限），因此其推荐效果就大打折扣。举一个例子，北京某中学校长给北大推荐学生的推荐信内容如下："该生热爱集体，乐于奉献，思维敏捷，勤于钻研，勇于创新，成绩优异，多次获得年级第一。兴趣广泛，文理兼备，尤其对人文科学有特殊爱好。善于合作，组织能力强。多次与同学合作，在同学与教师当中有较高的认可度。" 这封推荐信通篇都是泛泛的话，既没有写出被推荐人的特点，又没有反映出被推荐人的水平，推荐效果很差。所以一定要花工夫认真准备推荐信，要针对学生的特点去写，不能千篇一律。如果写推荐信的人英文水平实在太差，你可以帮他准备一个草稿，不过即便是草稿我也建议你不要都出自一人之手，因为一人写出来的文章都差不多，到国外学校后3封推荐信是一起看的，如果内容都差不多，可信度就大打折扣。

还有，不同推荐人的推荐信不要用相同的信纸，不要在同一天、同一个邮局寄出，因为强调的是推荐人的独立推荐，独立推荐怎么会都一样呢？当然，如果申请10所学校，10所学校都需要这样去做，工作量确实非常大。好在现在可以在网上推荐，推荐人可以用电子邮件直接与国外学校联系，这就回避了上述问题，又降低了工作量。

（3）短文（Essay）

短文（Essay）是通用申请系统（Common Application）中唯一一项可以自由发挥的内容，短短几百字的一篇短文，学校收到后，审阅的老师可能两三分钟就看完了，但就是这短短的三四百字的一篇短文，往往就决定了他的取舍，其重要性可想而知。所以，一定要认真写Essay，写完可以找人帮你修改，一定要写好，某种意义上，它决定了你的前途。

图3-4 列出了短文（Essay）的题目，我将其翻译如下：

- 评述你所有过的一次有意义的经历、成就、冒险，或你所面对而又对你具有影响的伦理道德上两难的事情；
- 讨论一些与你有关并重要的个人、当地、国家或世界问题；
- 简述一个对你有特殊意义、产生影响的人，并描述这个影响；
- 描述一个（本）对你产生影响的小说、人物或作品（如艺术、音乐、科学等），并解释其影响；
- 学术兴趣、个人理念以及生活经历都可以归到教育的范畴。基于你的个人背景，请描述一个说明你可以给学校带来多元化因素的经验，或者一个可以证明你身上多元化因素重要性的经验；
- 自选题目。

短文（Essay）的题目每年都一样，没有变过，最后一个题目是“自选题目”，这表明，短文（Essay）从来也没有一定的题目，完全可以自由发挥，所给的题目也仅仅是一个参考而已。

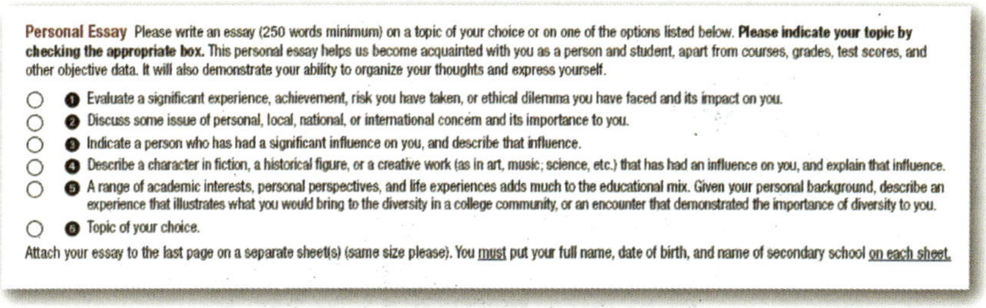

Personal Essay Please write an essay (250 words minimum) on a topic of your choice or on one of the options listed below. **Please indicate your topic by checking the appropriate box.** This personal essay helps us become acquainted with you as a person and student, apart from courses, grades, test scores, and other objective data. It will also demonstrate your ability to organize your thoughts and express yourself.

- ○ ❶ Evaluate a significant experience, achievement, risk you have taken, or ethical dilemma you have faced and its impact on you.
- ○ ❷ Discuss some issue of personal, local, national, or international concern and its importance to you.
- ○ ❸ Indicate a person who has had a significant influence on you, and describe that influence.
- ○ ❹ Describe a character in fiction, a historical figure, or a creative work (as in art, music, science, etc.) that has had an influence on you, and explain that influence.
- ○ ❺ A range of academic interests, personal perspectives, and life experiences adds much to the educational mix. Given your personal background, describe an experience that illustrates what you would bring to the diversity in a college community, or an encounter that demonstrated the importance of diversity to you.
- ○ ❻ Topic of your choice.

Attach your essay to the last page on a separate sheet(s) (same size please). You must put your full name, date of birth, and name of secondary school on each sheet.

图3-4　CommApp Essay 题目

哈佛大学每年都会把申请表中最好的前50个短文（Essay）编辑出版，供申请的学生参考，这本书很便宜，在新东方的书店里有原版出售。写得好的短文（Essay）一定是有个性，能反映孩子观点或特点的。例如，2006年书中的一篇短文（Essay），就是一个孩子写的关于对同性恋的看法，这是当年哈佛大学50篇最好的短文（Essay）之一。

（4）其他材料

除上述准备材料之外，你还应该准备一份像样的简历，随成绩单一并寄给学校。有条件的学生还可以做一本图文并茂的小册子，以反映你丰富多彩的生活和能力，它一定会为你的申请“加分”。

TIPS 9 关于“小册子”

所谓“小册子”，就是一本图文并茂的“成长经历图册”，或是“带图片的简历”，在给学校邮寄申请材料（如成绩单）时，可以一并将其附上，这往往会起到意想不到的效果。

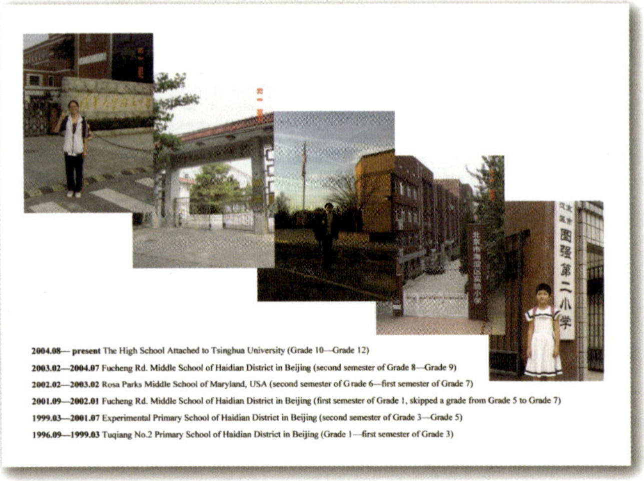

2004.08— present The High School Attached to Tsinghua University (Grade 10—Grade 12)

2003.02—2004.07 Fucheng Rd. Middle School of Haidian District in Beijing (second semester of Grade 8—Grade 9)

2002.02—2003.02 Rosa Parks Middle School of Maryland, USA (second semester of Grade 6—first semester of Grade 7)

2001.09—2002.01 Fucheng Rd. Middle School of Haidian District in Beijing (first semester of Grade 1, skipped a grade from Grade 5 to Grade 7)

1999.03—2001.07 Experimental Primary School of Haidian District in Beijing (second semester of Grade 3—Grade 5)

1996.09—1999.03 Tuqiang No.2 Primary School of Haidian District in Beijing (Grade 1—first semester of Grade 3)

我女儿做的“小册子”，28开、彩色、英文，包括封面、封底共20页，主要包括如下几方面内容：

Contents（目录）

- Personal Information（个人信息）
- Educational Background（教育背景）
- Outstanding Leadership（突出的领导能力）
- Abundant Extracurricular Practice Activity（丰富的课外活动）
- Excellent Individual Quality（优秀的个人素质）

每部分内容都包含一段简练的文字，并配以精心挑选的若干照片（图片不宜太多，要少而精，有代表性）。要做好“小册子”，我有以下心得。

1. 丰富多彩的成长经历是根本

孩子成长过程中确实得到全面发展，“德、智、体、美、劳”各方面都取得过好的成绩，这是根本。

2. 翔实全面的素材积累是基础

这就要看为人父母的有无“先见之明”了，孩子有许多“闪光点”，要尽可能地及时加以记录（通常是指图片形式）、收集（如各种奖励情况）和整理（不至于用时找不到）。

3. 精心策划、认真编辑是技巧

因为多数父母都不是搞艺术或出版行业的，专业上的事自然有它的规律和经验，最好请专业人员帮忙。此外还要“上心”，世界上怕就怕“认真”二字嘛！

4. 先进高效的制作技术是手段

计算机时代，凭借科技的现代化，必然能在策划以及制作技术上有所突破，经验告诉我，制作这样一本“小册子”，对专业人员来说是“小菜一碟”。此外，制作过程中还要将“简”（简单快捷）、“好”（制作精良）、“省”（费用节省）贯穿始终，“少花钱多办事”终究是“硬道理”。

总之，篇幅不大的一本“小册子”，要做好并真正达到为你“加分”的目的，绝非易事，千万不要花钱费力做“无用功”，抑或使人觉得花里胡哨、华而不实，起到相反的效果。

4. 提交申请文件

要弄清楚的问题都清楚了，要准备的材料都准备好了，一到可以开始申请的日期，你就可以进入申请程序了。正式申请的开始之日，也是你开始花钱之时。要邮寄或提供的材料多且繁杂，为了不出差错，你可以对应每个申请的学校列出一个“邮寄材料一览表③”，如表3-8，方便你核对。

表3-8 邮寄材料一览表 ③

1. Teacher Evaluation（数学老师、班主任）
   含推荐信
2. Teacher Evaluation（英语老师）
   含推荐信
3. School Report（物理老师、年级组长）
4. International Supplement to the Report（物理老师、年级组长）
   含会考成绩单公证书
5. Early Decision Agreement
6. 小册子
7. 简历

表3-9列出了申请一所美国大学的直接费用，大约是1 700元人民币左右。但假如你申请10所学校，仅申请费就是1万多元人民币，而这才是花钱的开始。所以要把孩子送到国外大学去念书，费用是非常高的。

表3-9 申请直接费用（人民币元）

1. 申请费	¥ 500
2. 推荐信1	¥ 200
3. 推荐信2	¥ 200
4. School Report（高一、高二成绩单，含推荐信3）	¥ 200
5. Midyear Report	¥ 200
6. Final Report	¥ 200
7. Supplement to the Common Application 2007（含简历、小册子、近照、其他等）	¥ 200
	¥1 700

5. 跟踪申请情况

以上工作都做完了，把申请表或材料都寄出去了，剩下的就是“等待”。不过，你在这段时间里可能还有如下工作要做：

- 对应每所学校建立一个专门信息账户
- 经常查看邮箱和电子邮箱
- 及时、主动与有关学校联系
- 主动争取面试
- 对学校发来的问题要及时反馈

（1）对应每所学校建立一个专门信息账户

几乎每所学校都允许你或建议你在该校的网站上建立一个自己的电子信箱，以方便与你及时沟通。

（2）经常查看电子邮箱

有了电子信箱后，你要经常去查看。

（3）及时、主动与有关学校联系

遇到任何疑问，你都要主动与学校联系，例如邮寄的材料是否及时收到、是否丢失、是否需要重寄等等。

（4）主动争取面试

在美国大学的申请里，并没有规定一定要去参加面试，只是在申请表中有个选项“是否希望面试”。有家长问我：“要不要面试？”我说：“当然要，而且要积极争取。”有的孩子不敢，感觉自己的英语不好，害怕。其实，如果你具有一定的英语会话能力，这将是你展示自我的一个极好的机会。面试通常是校友面试，比如哈佛大学面试只是告诉你，“某某在中国的某机构工作，他决定抽出周六下午时间与你见面，希望你跟他联系。”这些校友对你的面试都是公益性的，他只是代表学校跟你接触一下，然后把自己的看法给学校一个反馈。

（5）对学校提出的问题要及时反馈

如果你收到了学校寄给你的任何信息或提出的问题，都要及时反馈。给你信息或提出问题，至少说明学校已经注意到你，甚至对你“感兴趣”了，你不应再有任何态度上的怠慢，除非你已不想去该校了，但即使这样，也应礼貌地婉言拒绝，而非不理不睬。

最后，所有的工作都按要求进行，从元旦以后你就会陆续收到一些通知。因为你申请的是多所学校，而每所学校发来的信息都不一样，表3-10就列出了最典型的几种通知方式。

序号01，杜克大学（Duke University），录取状态为“Waiting list”（备选）；序号06，杜兰大学（Tulane University），录取状态为“Offer”（录取），同时提供奖学金，如果接受的话，要在规定的日期前交各种定金等；序号17，康奈尔大学（Cornell University），录取状态为“Reject”（拒绝）；序号18，布朗大学（Brown University），录取状态为“Offer”（录取），但不提供奖学金，如果接受的话，同样要在规定的日期前交各种定金等。

面对如此形式各异的录取状态，特别容易搞错，为此，不妨再做一个如表3-10的“录取信息一览表④”，以记录每所学校的录取信息情况。

表3-10　录取信息一览表④

序号	学校	学院/专业	通知日期	录取状态	奖学金	截止日期	联系地址	备注
1	Duke University (NC)Pr,8		2007-03-28	Waiting list			Undergraduate Admissions 2138 Campus Drive Box 90588, Durham NC 27708-0588,USA	
6	Tulane University (LA)Pr,44	Newcomb -Tulane College	2007-02-01	Offer	$18,000 ×4 years, (Yearly GPA≥2.70)	2007-05-01 ($150 deposit) ($150 reserve room)	Office of Undergraduate Admissions, Tulane University, 210 Gibson Hall, New Orleans, LA 70118-5698,USA	Tel: 504-865-5731 800-873-9283 Fax: 504-862-8715
17	Cornell University (NY)Pr,12		2006-03-30	reject				
18	Brown niversity (RI)Pr,15		2007-03-29	Offer	No	2007-00-00 ($000 deposit)		

6. 选择录取学校

如果申请多所学校，都没有被录取，那只能说是你的“运气”太不好了，不过倒也省去了选择录取学校的“麻烦”。如果只被一所大学录取，相对也比较省心，那就是“去”或“不去”。但是，如果你同时被几所大学录取了，这又有事情可做了——你究竟去哪所学校呢？这又要进行一次选择，而且录取得越多越难办。

我的女儿当年就是同时被8所美国大学录取，图3-5是8所大学的录取通知书（Offer），这8所大学分别是（后面括号中的数字为当年该大学的*US News*排名）：

- Columbia University（Barnard）（哥伦比亚大学，4）
- Brown University（布朗大学，15）
- Emory University（埃默利大学，20）
- University of Virginia（弗吉尼亚州立大学，25）
- University of Rochester（罗彻斯特大学，37）
- The University of Wisconsin（威斯康星州立大学，45）
- Tulane University（杜兰大学，51）
- University of Maryland（马里兰州立大学，56）

这8所美国大学中，有的是"常春藤"学校，而有的不是；有的是公立，有的是私立；有的提供奖学金，有的不提供；有的在美国南方，有的在美国北方……各种因素的取舍令我们煞费苦心。

图3-5　我女儿被录取的8所美国大学发来的录取通知书

哥伦比亚大学图书馆

我们和女儿对各所学校进行了反复对比、认真考虑，整个过程中我们综合考虑了以下几个因素。

（1）学校的教学水平

首先，我们考虑了学校的教学水平。布朗大学不论是在学术方面还是在非学术方面，特别强调和崇尚自由。其本科生课程也因此备受美国高等教育界人士的推崇。在这里，学生都被当做成人平等对待，他们可以自主选择自己感兴趣的专业和课程。

（2）学校的知名度

其次，我们考虑了学校的名气。布朗大学是世界闻名的美国“常春藤联盟”中的一员，是美国最早建立的高校之一。作为一所研究型大学，布朗大学在相当多的领域积极开展了创新研究，在美国学术界赢得了崇高的声誉。布朗大学的所有学科在美国高校中都属一流水平，从这些学科领域中毕业出来的高学历学生，后来大多成为美国学术界和科技界的精英力量。

（3）经济承受能力

再次，我们考虑了我们当时的经济承受能力。每年5万美元的开支对于我们这样的工薪家庭来说绝非小数，当时我们全家在决策时下定了决心，甚至考虑到了随时准备变卖房产以保证女儿完成学业。

（4）学校的地理位置

还有就是学校的地理位置。布朗大学位于美国最小的州罗得岛州

（Rhode Island），首府普罗维登斯（普罗维登斯是英文Providence的音译，其原意是“上帝保佑之特例”）是一个中等城市，居住人口16万左右。它是新英格兰地区第二大城市中心，交通十分便利。长期以来，普罗维登斯以其悠久的历史而闻名于美国。

（5）学校的周边环境

布朗大学的校园坐落于普罗维登斯市中心的一座小山上，那里又被称作“学院山”。布朗大学坐落在这样一座历史悠久、文化内涵深厚的城市里，吸吮着这座城市丰富的文化乳汁，又以自己独特的方式为这座城市增添了光彩。布朗大学图书馆所藏图书资料相当丰富，是美国新英格兰地区最大的大学图书馆之一，其研究设施在美国大学中也是一流的。

我的女儿最终选择了布朗大学（Brown University）。

上述这个过程，我们总结出了一个“选择公式”如图3-6，公式中等号后面的各项顺序就是你选择学校时要考虑的各个因素的先后顺序。当然，如果你特别看重奖学金的话，你可以把“经济”一项调到前面，这个公式仅供参考，希望当你遇到这样的“选择”问题时它对你能有所帮助。

总之，你在选择学校的时候要做到充分比较，果断决策，绝不后悔。

选择=学术+校誉+经济+地理
+环境+爱好+……+其他

图3-6　选择录取学校的公式

最后，还有两点需要提醒：

一、候补名单（waiting list）是靠不住的。

你千万不要对候补名单（waiting list）抱有希望，有足够的实例表明，候补名单（waiting list）是等待不出一个结果的。只要有别的学校直接录取，你就应该毫不犹豫地选择该校。

二、“放弃”也应明确反馈。

如果你已决定放弃某所学校，不管是从法律的层面（美国有个《415协议》），还是从道德的层面，都应尽快给学校一个答复。因为，如果你不去那所学校并及时给予答复，候补名单（waiting list）中就会有一个孩子马上被录取，这个被录取的孩子后面就又会腾出一个被尽快录取的机会……换位思考，成人之美，何乐而不为呢！

TIPS 10 关于《415协议》

1999年，美国多所大学联合制定并实施针对外国学生的《415协议》，主要内容为：

每年4月15日之前，申请者可以在已录取他的学校中任意选择一所就读，但明确答复所选大学的时间应不晚于4月15日，还应尽可能早地把自己的决定通知到别的学校。

留足时间，将已经收到录取通知书但决定拒绝的学校的录取资料，在4月15日之前寄回，这里需要提醒的是：材料不一定要在4月15

日之前到达被拒学校，但事先必须用电子邮件通知该校。

如果接受一所学校的录取之后反悔，受损害的学校有权请求所有签署《415协议》的其他大学拒收该生。

全美参与《415协议》的学校一共有489 所。其中，中西部地区115所，东北地区135 所，南部地区155 所，西部地区84 所。另外，加拿大也有12 所。

ENROLLMENT
四、入学篇

拿到了录取通知书，确定了学校，最重要也是最揪心的事情终于完成，一块“大石头”总算落地。“万事俱备、只欠东风”，而这个“东风”的核心就是签证。本篇重点介绍办理签证时的一些要领和技巧，同时将入学前后还需要做的一些“功课”，如学前准备、踏上行程、校园生活以及文明礼仪等作一简要介绍。

1. 办理签证

办理美国学生签证，说简单也简单，因为它就是一些程式化的工作，只要准备充分，一般不会有什么大问题。但有时说它“难”也是真的，因为确实有相当一些人遭遇过拒签。不管怎样，主观上，你首先还是要认真做准备。

（1）办理签证的流程

美国签证的办理流程如图4-1所示。你首先要做的工作是认真准备好所有的材料，然后去中信银行购买预约专用的电话卡和缴纳（购买）签证费，电话预约签证面谈日期，在去美国大使馆或领事馆面谈签证前应在网上填妥签证申请表，按期去申请时确定的地点进行签证面谈，最后获取签证。

有关美国签证的一般性问题在美国大使馆网站上都有详细的介绍，申请人可随时查阅。美国大使馆的网址是：http://chinese.usembassy-china.org.cn。

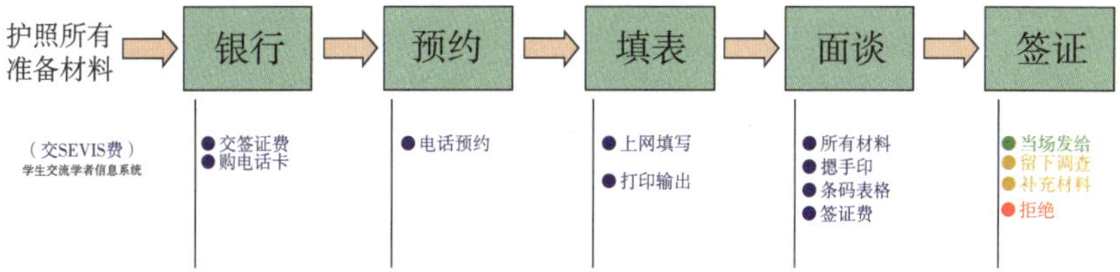

图4-1　美国签证办理流程

美国大使馆门前等待签证的人群每天都排起“长龙”

表4-1 美国驻华大使馆及领事馆办公信息

名称	地址	电话	办公时间	网址	辖区
美国驻华使馆	北京市朝阳区安家楼路55号	4008-872-333/010-8531-3000	周一至周五上午8点至下午5点（需提前预约）	http://chinese.usembassy-china.org.cn/	北京市、天津市、新疆维吾尔自治区、青海省、甘肃省、陕西省、山西省、内蒙古自治区、宁夏回族自治区、河北省、河南省、山东省、湖北省、江西省
美国驻上海总领事馆	上海市南京西路1038号梅隆镇广场8楼	021-3217-4650	周一至周五上午8：30至11：30，下午1：30至3：30	http://shanghai-ch.usembassy-china.org.cn/	上海市、浙江省、江苏省、安徽省
美国驻沈阳总领事馆	沈阳市和平区十四纬路52号	024-2322-1198	周一至周五上午8点至下午5点（需提前预约）	http://chinese.shenyang.usconsulate.gov/	黑龙江省、吉林省、辽宁省
美国驻成都总领事馆	四川省成都市领事馆路4号	4008-872-333/028-8558-3992	周一至周五上午8：00至下午5：00	http://chengdu-ch.usembassy-china.org.cn/	贵州省、四川省、云南省、西藏自治区、重庆市
美国驻广州总领事馆	广州市沙面南街1号	020-8121-8000	周一至周五上午8：30至11：00，下午1：00至3：00	http://guangzhou-ch.usembassy-china.org.cn/	福建省、广东省、海南省、广西壮族自治区
美国驻香港总领事馆	香港花园道26号	900-60-798-798	周一至周五上午8：30至12：30，下午1：30至5：30	http://chinese.hongkong.usconsulate.gov/	香港特别行政区、澳门特别行政区

（2）准备签证材料

准备的材料不是越多越好，但是作充分的准备是为了“有备无患”。表4-2是我女儿办理签证时所准备的材料清单，供大家参考。其中1～7项是必备的，8～24项虽然不是必备的，但只要有可能，最好也准备好，办签证时一同带上。

表4-2 签证准备材料清单⑤

1. 有效护照/Passport
2. 签证照片/Visa Photos
3. 签证费收据/Receipt of Application Fee
4. 签证申请表确认页/DS-160 Confirmation Page
5. I-20表/I-20 Form
6. SEVIS I-901费收据/SEVIS I-901 Fee Receipt
7. 录取通知书/Offer
8. 银行存款证明/Certificate of Deposit
9. 父母的工作、收入证明/Certificate of Parent Employment and Income
10. 托福成绩单/TOEFL Score Record
11. 户口簿/Household Register
12. 身份证/ID
13. 学生证/Student ID
14. 高中成绩单/The High School Score Record
15. 初三成绩单/The Middle School Score Record
16. 国际旅行健康检查证明书/Certificate of Health Examination
17. 国际预防接种证书/International Certificate of Vaccination
18. 体检表（复印件）/Health History Form（copy）
19. 简历/Resume
20. 小册子/Booklet
21. 房产证/Property Ownership Certificate
22. 父母单位介绍/Parents’ Profession
23. 其他录取通知书/Other Offers
24. 国外照片/Abroad Picture

下面就表中所列各项作一说明。

第1项为“有效护照”，现在办理个人因私护照已非常简单，以北京为例，在各区县均有护照办理点，只要你亲自去填表申请即可。如果你已有护照，要注意的是，如果你的护照有效期在距你预计抵美日期的6个月内将过期，或已损坏，或护照上已无空白的签证签发页，则你必须在去美国大使馆或领事馆面谈之前先申请一本新护照。

第2项为申请美国签证所需的“签证照片”，它要求是于6个月内拍摄的2英寸×2英寸（51毫米×51毫米）正方形白色背景的彩色正面照。面谈时用透明胶带将照片贴在护照封面上。

第3项为“签证费收据”，在去办理签证前，你需要事先到中信银行缴纳签证费用并取得收据。目前，学生（F1）签证费用为160美元（人民币1 024元）。请将收据用胶水或胶条粘贴在申请表确认页的下半页。

第4项为“签证申请表确认页”，美国签证的申请表必须在网上填写，完成后会自动生成一个“确认页”，你需要打印出来，并在上面手写你的中文姓名、中文姓名的电报码、中文家庭地址、公司名称及地址，去大使馆或领事馆签证时带上。

第5项为“I-20表”，该表由录取你的大学直接邮寄给你，是表明你被正式录取的最直观的“证据”，办理签证时必须带上。填写完整的I-20A-B表（发放给F1学生）必须由学校指定官员（DSO）和申请人本人签字，未满18周岁的申请人还必须有家长签字。表格上的姓名必须与你护照上的姓名完全一致，并已被美国的学术机构输入SEVIS系统。图4-2是I-20表的示样。

第6项为“SEVIS费用收据”，SEVIS（the Student and Exchange

Visitor Information System）费用是美国国土安全部从2004年9月1日开始执行的一项收费，现在为200美元，这笔费用是作为到美国交流访问人员的管理基金。它的缴费网站是www.FMJfee.com，在网上完成该费用的缴纳后可以直接产生收据并打印出来，或在网上缴纳后要求将收据原件（即I-797收据）邮寄给你。

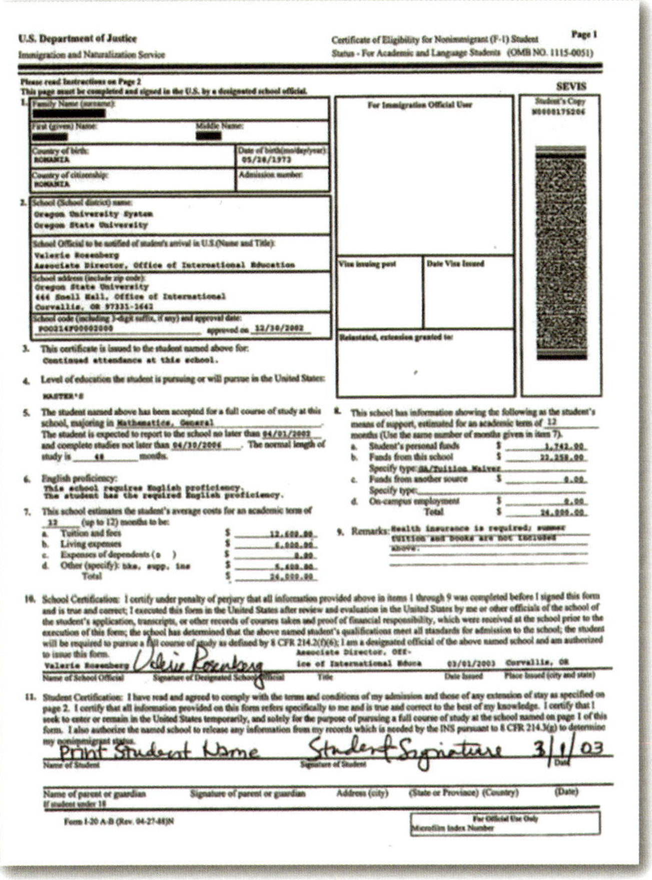

U.S. Department of Justice
Immigration and Naturalization Service

Certificate of Eligibility for Nonimmigrant (F-1) Student Status - For Academic and Language Students (OMB NO. 1115-0051)

Page 1

Please read Instructions on Page 2
This page must be completed and signed in the U.S. by a designated school official.

SEVIS

1. Family Name (surname): [redacted]
First (given) Name: [redacted] Middle Name: [redacted]
Country of birth: ROMANIA
Date of birth(mo/day/year): 05/28/1973
Country of citizenship: ROMANIA
Admission number:

2. School (School district) name:
Oregon University System
Oregon State University
School Official to be notified of student's arrival in U.S.(Name and Title):
Valerie Rosenberg
Associate Director, Office of International Education
School address (include zip code):
Oregon State University
444 Snell Hall, Office of International
Corvallis, OR 97331-1642
School code (including 3-digit suffix, if any) and approval date:
POO214F00002000 approved on 12/30/2002

For Immigration Official Use

Visa issuing post | Date Visa Issued

Reinstated, extension granted to:

Student's Copy
N0000175206

3. This certificate is issued to the student named above for:
Continued attendance at this school.

4. Level of education the student is pursuing or will pursue in the United States:
MASTER'S

5. The student named above has been accepted for a full course of study at this school, majoring in Mathematics, General. The student is expected to report to the school no later than 04/01/2003 and complete studies not later than 04/30/2006. The normal length of study is 48 months.

6. English proficiency:
This school requires English proficiency.
The student has the required English proficiency.

7. This school estimates the student's average costs for an academic term of 12 (up to 12) months to be:
a. Tuition and fees $ 12,600.00
b. Living expenses $ 6,000.00
c. Expenses of dependents (0) $ 0.00
d. Other (specify): bks, supp, ins $ 5,400.00
Total $ 24,000.00

8. This school has information showing the following as the student's means of support, estimated for an academic term of 12 months (Use the same number of months given in item 7).
a. Student's personal funds $ 1,742.00
b. Funds from this school $ 22,258.00
Specify type: GA/Tuition Waiver
c. Funds from another source $ 0.00
Specify type:
d. On-campus employment $ 0.00
Total $ 24,000.00

9. Remarks: Health insurance is required; summer tuition and books are not included above.

10. School Certification: I certify under penalty of perjury that all information provided above in items 1 through 9 was completed before I signed this form and is true and correct; I executed this form in the United States after review and evaluation in the United States by me or other officials of the school of the student's application, transcripts, or other records of courses taken and proof of financial responsibility, which were received at the school prior to the execution of this form; the school has determined that the above named student's qualifications meet all standards for admission to the school; the student will be required to pursue a full course of study as defined by 8 CFR 214.2(f)(6); I am a designated official of the above named school and am authorized to issue this form.

Valerie Rosenberg | Valerie Rosenberg | Associate Director, Office of International Educa | 03/01/2003 | Corvallis, OR
Name of School Official | Signature of Designated School Official | Title | Date Issued | Place Issued (city and state)

11. Student Certification: I have read and agreed to comply with the terms and conditions of my admission and those of any extension of stay as specified on page 2. I certify that all information provided on this form refers specifically to me and is true and correct to the best of my knowledge. I certify that I seek to enter or remain in the United States temporarily, and solely for the purpose of pursuing a full course of study at the school named on page 1 of this form. I also authorize the named school to release any information from my records which is needed by the INS pursuant to 8 CFR 214.3(g) to determine my nonimmigrant status.

Print Student Name | Student Signature | 3/1/03
Name of Student | Signature of Student | Date

Name of parent or guardian if student under 18 | Signature of parent or guardian | Address (city) | (State or Province) (Country) | (Date)

Form I-20 A-B (Rev. 04-27-88)N

For Official Use Only
Microfilm Index Number

图4-2 I-20表（示样）

TIPS 11
SEVIS费

SEVIS全称为Student and Exchange Visitor Information System（学生和交流学者信息系统），是一个存储现在美国的国际学生和交流学者信息的网络数据库。美国国土安全部从2004年9月1日起开始执行这项收费准则，拟申请F-1，F-3，J-1，M-1或者M-3非移民签证的每一位外国人均需缴纳100美元的SEVIS费用，用于数据库的日常维护，而近年随着赴美学生和学者的日益增多，美国移民和海关执法局已经提高了SEVIS的收费标准。其中，持F、M签证的外国学生所缴纳的费用从100美元上调到200美元。持J签证的访问学者所缴纳的费用上调至180美元。此项费用必须网上支付，而签证费在中信银行缴纳，不要混淆。SEVIS付费网址：www.FMJfee.com。所有申请人均需填写I-901表格。可以使用美元汇票、支票和美元信用卡缴费。推荐使用信用卡，只要是外币信用卡上带有VISA或MasterCard标志的双币信用卡就可以。在签证日之前至少提前3天交付费用。如果是使用亲友的信用卡，需要提供持卡人的姓名，地址，邮政编码，信用卡类型（Visa或Master），卡号，以及信用卡的到期日。

SEVIS付费流程：

第一步，如果手头准备好了I-20，打开上述网址，点击网页底下“YES”按钮。

第二步，点击“OK”，填写申请人的信息。中间名一般不填。I-20号码位于I-20表格的右上角。

第三步，填写你现在的通信地址，也就是费用递交后，回执递送的地址。

第四步，填写你本人的基本信息。

第五步，选择回执的寄送方式和缴费方式。

第六步，填写信用卡信息。

缴费时输入卡号（Card Number）后，下面一项是信用卡到期日（Expiration Date），你的信用卡正面都有标注。

最后，点击提交，如果缴费成功，会出现一份电子格式的回执页面。如果电脑连接有打印机，可以直接按“print”按钮打印出来。如果没有打印，只能等待来自美国的回执了。当然，签证的时候这份回执不是必需的材料，因为可以查到申请人是否已经缴费，只是有了回执比较方便。

第7项为“录取通知书”，学校是一定会邮寄给你的。

第8项为“银行存款证明”，现在国内的各大银行都有专门的英文存款证明，你只需带上你的存款凭证到相应的银行缴纳一定的费用即可办理。有关此项内容已在“准备篇”中的“经济准备”一节中作了详细介绍。

第9项为“父母的工作、收入证明”，要英文的，能证明你父母有固定的工作和收入，加盖公章（一般为父母工作单位人事部门章即可）。

第10项为你的托福成绩单。

第11项、12项、13项为你家庭的户口簿、你的身份证和学生证。

第14项、15项为你的高中成绩单和初三年级成绩单，如果有，带上备用。

第16项、17项、18项分别为《国际旅行健康检查证明书》《国际预防接种证书》（黄皮书）和《体检表》，这3项均可在当地省（市）一级国际医疗保健中心办理。不同的是《体检表》一般由你的录取学校寄给你，经国际医疗保健中心对你进行各项体格检查后填写；而《国际旅行健康检查证明书》和《国际预防接种证书》（黄皮书）是国际医疗保健中心按照国际旅行健康检查的有关国际间合约制定的标准格式，在对你进行检查和接种后发放。目前中国孩子从出生后就进行了系统的免疫接种，去国际医疗保健中心时，一定要把你的《接种手册》带上，这样既省时又可免“扎”许多针。

第19项为你的简历，美国大使馆的网站上有范例，可查阅。

第20项为你的图文并茂的“小册子”（详见“申请篇”中“准备申请材料”），如果有，带上。

第21项为你家庭的房产证，如方便，则带上。

第22项为你父母的单位介绍，如有现成的，则带上。如果父母单位有专门的网站或网页的话，签证官需要时可将网址告诉他。

第23项，如果你还有其他学校的录取通知书（Offer），也带上。

第24项，如果你有以前去过国外的经历，不妨带几张照片，备用。

其他，如含有以前赴美签证的护照（包括已失效的护照）、研究或学习计划、在美期间计划好的学习或研究工作的详细信息、你所在美国大学的导师或系主任的名字及电子邮件地址等，如方便，都最好带上，就此一次，千万不要嫌麻烦。

TIPS 12 国际医疗保健中心

出国体检主要分为两种类型，一种是留学，一种是移民。赴韩国、日本、美国等国家的留学生，一般去国家出入境检验检疫局保健中心体检即可，美国要求留学生提交医学证明和预防接种证明，各个州和各个大学有自行设计的证明格式，内容差异较大，基本上分为三个部分，第一部分包括既往病史、家族病史、现病史和药物禁忌症。第二部分是健康体检内容，认可我国出入境检验检疫机关签发的《国际旅行健康证明书》规定的体检项目。第三部分是儿童时期和当前的预防接种证明，包括疫苗种类、接种次数、接种时间和疫苗型号。疫苗种类涉及卡介苗、脊髓灰质炎疫苗、麻疹、风疹、腮腺炎、水痘、流脑、乙肝、甲肝、乙脑、白喉、破伤风、百日咳、B型流感嗜血杆菌疫苗、伤寒疫苗等近20种。由于一些需要当前接种的疫苗有2次或多次接种要求，如麻疹、风疹、腮腺炎疫苗，白喉、破伤风疫苗，乙肝疫苗和脊髓灰质炎疫苗等，同种疫苗第1针与第2针之间要间隔1~5个月，部分不同种类的疫苗不能同时接种，需间隔1个月，建议留学人员应该留出足够的时间完成疫苗接种。若在国内没有按要求完成全部疫苗接种，可以在国外申请补种。《国际旅行健康检查证明书》和《国际预防接种证书》除在出入境口岸抽查外，到留学国家入学和居住、办理医疗保险时均需要提交。在此，出入境检验检疫部门提醒：出国留学，请提前办理相关卫生检疫手续，以免带来不必要的麻烦。

体检需要到出入境检验检疫局指定的医院进行。以北京为例，北京国际旅行卫生保健中心地址：北京市东城区安定门外蒋宅口和平里北街20号；体检时间：周一到周五 上午8：00至10：30；体检须知：携身份证原件，2张2寸照片，护照（如果有的话一同准备），空腹前往。

全国其他省市的同学，可以在中国国际旅行卫生保健协会的官网首页中国国际旅行卫生保健网络一栏中查询《国际旅行卫生保健中心名录》，其中有《各地国际旅行卫生保健中心通讯录》，以选择确定体检地点。中国国际旅行卫生保健协会官方网址：http://www.itha.org.cn/。除此之外，还可拨打114电话查询出入境检验检疫局电话，确定当地出入境检验检疫局指定的体检医院，到医院进行体检即可。

（3）预约签证

美国签证都需要电话预约，而电话预约则需要事先到中信银行购买专门的签证预约电话卡，用此电话卡拨打专门的电话进行预约签证。电话预约时需提供基本信息，可按表4–3的内容事先准备好，以提高预约效率、节省电话卡费用。

表4–3　电话预约签证时需提供的基本信息

申请人全名（中文名及英文名）	
护照号	
身份证号	
签证费收据号码	
I–20表格号码	
联系方式（电话、传真）	
赴美目的	
在华常驻地址	
是否被拒签过	

预约签证的周期，美国大使馆和各个领事馆各有不同，就近期来看，一般为1周左右，但凡事“赶早不赶晚”，尽量不要拖到最后。

（4）签证面谈

真正要到美国大使馆或领事馆去面谈时，除了带好所有的材料外，还要事先准备一些签证官常问的问题。表4–4列出了签证官通常要问的一些问题，你不妨在签证前逐一进行准备，以备不时之需。

表4–4 签证官通常要问的一些问题

1	你为什么要去美国?
2	你的研究学习内容是什么?
3	你为什么要去这所学校?
4	你是怎么知道这位导师的?
5	你在美国的生活（来源）怎么解决?（吃、住、行）
6	你还有其他家庭成员在美国吗?
7	你的自我介绍
8	……

值得注意的是，签证官通常会要求你用英语来回答问题，一是英语为他的母语，方便交流；二也算是测试一下你的英语能力。

关于办理美国签证，我需要再提醒的内容可归纳为24个字，即：

充分准备、不要紧张；

简明扼要、诚实可信；

不卑不亢、举止礼貌。

若能按照上述提醒来做，相信你一定会事半功倍、诸事顺利！

（5）签证结果

签证结果只有3种：

一是“当场发放”，这是最好的结果；

二是“有待调查或需要补充材料”，这种情况下，你只需按他的要求办理，然后耐心等待；

三是“当场拒签”，遇到这种情况也不必惊慌，一定是你准备的材料或回答的问题中有“硬伤”，只需回来找有经验的人咨询一番，再好好准备一下，重新预约签证。

一般来说，没有特别的问题，都将是第一种情况，孩子们要放宽心。

2. 学前准备

在拿到录取通知书到入学的这段时间内（一般为4月中旬至8月中旬，大约有4个月的时间），除了关键的签证事项要办之外，还有一些事项可办甚至必须要办，对于必须要办理的事项，我将分为学习准备、生活准备、行程准备3个部分进行介绍。

（1）学习准备

①提前选课

第一次去美国留学，如何选课还是要费一些周折的。

一种情况是你不知道如何选课（不知道选课的程序）——告诉你一个捷径，就是设法找到学长指导一下。像布朗大学这些特别注重学生教育的学校，在你未入学前已经为你“一对一”安排了一位类似于辅导员的人

（advisor），你可以尽早和他（她）取得联系，他（她）的指导可以减少你许多盲目的摸索，并且还会给你一些很好的建议。

另一种情况是你不确定选哪门课（因为你还在犹豫究竟学什么专业）——事实上，不少美国的大学允许你在第一学期甚至第一学年都不确定你的专业，这时选课可先选择比较有名的课，随着课程的进行，不断请教同学、学长、老师，要充分利用好老师坐班见学生的时间（office hours），多和老师“聊聊”，慢慢的，你自然就明确了自己的志向，再选课也就“水到渠成”了。

一般来说，第一学期不要选择太多的课程，“贪多嚼不烂”，要有一个慢慢适应的过程。我建议，第一学期最多选择4门课程，英文水平不是太好的孩子第一学期最好选择一门英语写作课，以提高你的英文写作水平。要提醒的是，入学的第一学期，通常大家都要选这样的“基础课”，所以有时会选不上，这就需要“早下手”。

②及时订书

一旦选好了课，要用什么教科书也就明确了。教科书也要及早预订，晚订往往不能及时拿到。

美国的教科书较贵（厚一点的书一般都要大约100美元以上），为节约开支，可以直接订购“二手书”，通常美国大学的书店（book store）都有收购、预订“二手书”业务，许多美国学生都很节俭，用“二手书”是再寻常不过的事，一点也不“丢人”。不过要提醒的是，美国的教科书版本变化很快，一本书有“第15版”“第16版”是常事。一般来说，前后版的变化并不是很大，但终究还是有所不同，使用时要注意。

③学习必需品

现在在美国上学，手提电脑（laptop，笔记本电脑）是必需品，如果没有现成的话，可以到学校再买，通常在美国买更便宜一些。从中国带去的，一是不要安装盗版软件（尤其是操作系统），二是要更换电源插头（中国与美国标准不同）。

学校的作业一般都需打印机输出，所以自己买一台打印机是必要的。打印机最好不要从中国带，一是体积大不好带，更重要的是每一种打印机的耗材（如墨盒）都是不同的，到美国一旦墨盒用完了就成了“废铁一堆”。

必要的参考书可以从国内带几本，但不宜多带。

TIPS 13 美国电源及插座标准

一、美国的民用电源标准与中国所使用的电源标准不同。美国的民用标准电源是110V/60Hz，而中国则是220V/50Hz。

1. 一般来说，小功率的电器，如笔记本电脑、手机、剃须刀等，通常是可以用的，因为这些电器的充电器使用的电压通常是100至240V，50/60Hz，这个使用电压几乎涵盖了世界上所有国家的常用电压。

2. 大功率的电器，如电饭锅、电热水壶，甚至电吹风、电卷发器等，由于功率太大，即使带到美国也无法使用。

二、美国民用电源插头标准与中国也不同。

1. 美国民用电源的标准插头为两芯或三芯（即单相两线制和单相三线制），但是由于形状的差异，一般来说，中国的两种插头都插不进美国的标准插座。

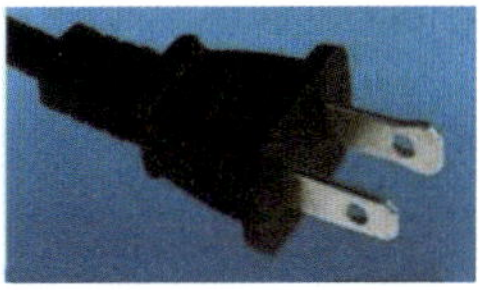

美国民用电源的标准插头（两芯、三芯）　　美国的电源插座

2. 中国民用电源的标准插头也为两芯或三芯（同样为单相两线制和单相三线制），但是，一般来说，中国的三芯插头插不进美国的标准插座，但中国的两芯插头通常是可以插进美国的标准插座的。

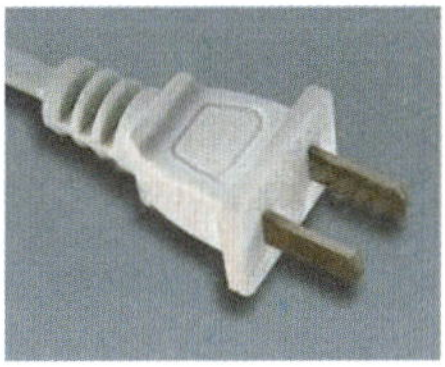
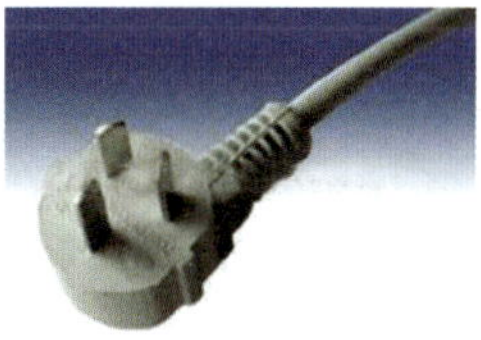

中国民用电源的标准插头（两芯、三芯）　　中国的电源插座

（2）生活准备

生活准备不外乎“衣、食、住、行（含通讯）”的准备，现作简要介绍。

①衣

主要根据学校所在的具体地理位置来准备，如在北方，就要备好棉衣、棉被；若在南方，如新奥尔良（New Orleans）、佛罗里达（Florida）等地，基本上无需冬装。

着装以舒适大方为主，学生不必刻意追求时尚或奢侈。一般来说，同等质量的服装，在美国买比在中国买要便宜。所以，带够近期的衣服，以后可根据需要在当地随时购买。

②食

刚进入美国大学，人生地不熟，学习亦还未适应，一般还是预订学校的餐食较为方便和现实，这就需要在入学前进行“选餐”。

美国大学一般都有膳食计划（meal plan），即把每周的餐食分为“每周21顿”“每周14顿”等不同档次（当然不同档次所对应的价格也不同）供学生选择，在入学前就可以从网上选好。入学一段时间后，待生活安定、环境熟悉了，可以再考虑添置一些“锅碗瓢盆”，自己做一些简单的饭菜，调剂一下胃口。

另外，在学校食堂吃饭还有一个好处，就是可以多认识一些同学，这对新生来说也是必要的。

③住

美国的大学，尤其是对新生（freshman）一般都提供住宿。与吃饭问题一样，刚进入美国大学，还是先选择学校提供的宿舍较为方便，也安全，这就需要在入学前选好宿舍。

通常在入学前，学校都会发电子邮件或邮寄给你相关表格，让你选择不同的住宿档次（费用不一样）以及希望和什么样的人同住一个宿舍（如宗教、信仰等），以此来分配你的住处。

室友和楼友是新生最先接触的人群，也是最容易成为朋友的，住学校宿舍还会增强你的集体观念。此外，你不妨选择住最一般的、男女生可同住一栋宿舍楼的住宿条件，这样可以认识更多不同的人。

当然，自己租房或和同学合租相对会便宜一些，但也会带来安全隐患以及需要自己打扫卫生等麻烦。

④行（含通讯）

刚进大学，如果没有什么特殊的情况，又选择了学校提供的宿舍，一般上课等活动步行都能解决。有条件的话，买一辆自行车作为代步工具也不错。

关于通讯，最简单也是最经济的方法是到校后买一部当地的手机，一般一个月的通话费用（不含国际长途）也就20～30美元，预交一年的话费还会送话机（但中国孩子会觉得美国送的话机“很土”）。而与中国间的国际长途现在一般都通过互联网完成，绝大多数学校的网络对学生都是不收费的，而且覆盖面很广，非常方便。

TIPS 14 美国无线通信标准

众所周知，世界各国的通讯频段、制式多有不同。这使得不同国家所用的手机也不尽相同。目前全球采用的移动通信制式大致分为GSM和CDMA制式；而根据频段，GSM可分为850 MHz、900 MHz、1 800 MHz和1 900 MHz。

目前，美国采用的是850 MHz 、1 900 MHz频段的GSM的网络，而我国国内采用的是GSM900/1 800/1 900 MHz，CDMA则采用机卡分离的CDMA800/2 000 MHz。因此，去美国留学的时候需要使用三频手机。

当然，大家不必为难，目前国内市场上已经有了大量的三频手机可供挑选，这主要集中在诺基亚、摩托罗拉、索尼爱立信等品牌中，其实，所谓三频手机就是支持900 MHz、1 800 MHz、1 900 MHz三个频段，可以实现在频段GSM网络中使用的手机。

（3）行程准备

所有的出国留学手续都已办好，下一步就进入到行程准备的实质性阶段了。

①订购机票

第一件要办的事是先把机票订好。每年的8月份都是学生返校的高峰季节，若机票订得太晚，不但会费用昂贵，甚至会有订不上合适时间或合适地点机票的风险。

若第一次去美国，建议你买一张单程票，尽管可能往返票和一张单程票的票价差不多，但因为你可能至少要在美国待一个学期（有的学生可能还要停留一年，甚至更长时间才会回国一次），而你回来的确切日期并不能确定，提前订好返程票反而会给你带来不便。与其这样，不如下次放假回中国前，在美国买好往返票，毕竟从放假到开学的时间比较短、日期比较好确定，这算是一个“小技巧”。

此外，订好机票即可以在相应的航空公司的网站上选定座位，而不必等到出发当天到机场再确定座位。早选座位可以选择一个相对舒适的位置，对于长途旅行而言，可以减少一些劳顿。

②打点行李

尽管在美国什么东西都能买得到，但若你第一次去一个陌生的地方，还得先带上一些生活必需品，到学校报到注册所需要的文件也要整理好。表4-5是我女儿所做的“上学所带物品一览表⑥”，事先将所需物品逐一造表列出，以免有遗漏，具体内容在后文TIPS中有详细说明。表4-6是“出国文件证书清单⑦”，各位可以借鉴使用。

表4-5 上学所带物品一览表⑥

序号	分类	名称	数量	位置	备注
1	日用品	厚棉被	1条	1#箱子	已套被套
2	日用品	薄棉被	1条	1#箱子	已套被套
22	衣服	睡衣	1套	1#箱子	
23	衣服	蓝色绒大衣	1件	1#箱子	
24	衣服	米黄色棉衣	1件	1#箱子	
57	文具用品	经典参考书			
58	文具用品	工具书			
64	文具用品	电脑及配套用品	1台		
86	常用药品	阿司匹林			
87	常用药品	感冒清热冲剂			
100	文件证件	护照			
103	文件证件	I-20表			
104	文件证件	录取信			
115	工具	眼镜			
120	工具	电源接头			
121	工具	U盘			
122	工具	宽带线、电话线			

表4-6　出国文件证书清单⑦

1. 护照及签证	1本
2. I-20表	1份
3. 布朗大学录取通知书	1份
4. I-797表	1份
5. SEVIS I-901费收据	1份
6. 布朗大学体检表（复印件）	1份
7. 国际旅行健康检查证明书	1份
8. 国际预防接种证书	1份
9. 托福成绩单	1份
10. 高中成绩单	1份
11. 初三成绩单	1份
12. 会考成绩单	1份
13. 毕业证书	1份
14. 简历	1份
15. 小册子	1份
16. 护照及鉴证（复印件）	5份
17. I-20表（复印件）	5份
18. 布朗大学录取通知书（复印件）	5份
19. 学费账单	1份
20. 学费银行汇款证明	1份
21. 父亲资金证明	1份
22. 母亲资金证明	1份
23. 父亲工作证明	1份
24. 母亲工作证明	1份
25. 1寸或2寸照片	若干
26. 其他布朗大学文件	若干
27. 意外险救援卡	1份
28. 机票	1份
29. 出国所带物品清单	1份

TIPS 15 出国留学所带物品清单（以我女儿为例）

衣物：牛仔裤4条，正装裤2条，运动裤1条，裙子3条，西装1套，风衣1件，棉服1件，羽绒服1件，毛衣（薄、厚）5件，秋衣3套，睡衣2套，衬衫4件，长、短袖T恤各3件，内衣（套）1打，棉袜1打，丝袜1打，单帽、毛线帽、太阳帽各1顶，手套1双，围巾（薄、厚）各1条，运动鞋2双，凉鞋1双，皮鞋1双、塑料拖鞋1双，棉拖鞋1双。

化妆品、洗漱用品：洗发水、浴液、牙膏、肥皂、手纸、卫生巾少量（备初到时急用），毛巾4条，浴巾1条，牙刷5支。

日用品：厚、薄棉被各1条，褥子1条，枕头1个，床单、枕套各2套（以上物品抽真空后省体积），眼镜2副，隐形眼镜若干，闹钟1个，指甲刀1个，军刀（最好带螺丝刀）1把，雨伞1把，手电筒1个，鞋刷1个，针线包 1个。

厨房用品：平底不粘锅1个，小锅1个，筷子2双，勺子2把，饭碗大、小各2个，调料若干，银耳、枸杞、红枣、莲子等干货若干（按需要），洗碗布2块，方便面5包（备急需）。（此处要提醒的是，美国海关不允许携带任何肉制品、新鲜水果以及种子等进入美国，一旦发现将给予严厉罚款）

电器：笔记本电脑（laptop）1台，手机（3频）1个、数码相机1个，插线板（注意插头形状）1个，美标插头转换器1个，电子辞典1个，科学计算器1个，电池适量，备份软件（Office、Windows等英文版）1套，U盘2个，移动硬盘1个，网线1根。（由于电源标准问题，家用小电器，如电饭锅、电水壶、电吹风等都不要带）

文具：圆珠笔、铅笔、橡皮、修正液、记号笔等若干，订书机1个，纸、本若干，文件夹若干。

常用药品：阿司匹林、感冒清热冲剂、百服宁、牛黄解毒丸、华素片、先锋4#、黄连素等若干，邦迪若干，体温表1支。

书：工具书、参考书若干。

其他：泳衣1件，泳镜1副，太阳镜1副。

3. 登程远航

（1）送别孩子

多数家长忙到此处，将孩子送到机场、拥抱一下或许再落几滴依依不舍的眼泪，转身离开之后，留学的事情也就告一段落了。

但是，我强烈建议——只要有可能（包括时间上的可能和经济上的可能），作为父母，一定不要错过亲自参加孩子的开学典礼（Orientation）。

国内每年的秋季，在大学新生入学阶段，由父母甚至其他亲属组成的“大型”送新生队伍“挤”满了校园内外，各大学门口更是“人满为患”。于是乎，每年此时，家长及孩子们都饱受舆论诟病。有的认为这是家长太“娇惯”孩子了；有的甚至“上纲上线”，认为这是中国孩子“高智低能”的表现。其实，我们冷静地想一想，孩子很争气，考上了大学，这对于一个家庭而言是非常值得骄傲和庆祝的！送孩子上学是情理之中的事情。

殊不知，在国外，家长送孩子上大学之重视、之隆重、之兴高采烈，比中国有过之而无不及。我们去送女儿入学，最大的感受有两点：

一是深受感染。布朗大学所在的普罗维登斯市不惜动用全市资源举办隆重的“大学入学周”，每天都安排了丰富多彩的活动供新生及庞大的送新生队伍观赏、参与。那段时间，整个城市都洋溢着欢乐的节日气氛。

二是觉得幸亏去送女儿了，否则我们将会终身遗憾!

当然，在送女儿参加开学典礼上，我们还遇到了不少新鲜事，其中有几件事给我们留下了深刻的印象，在此作为“花絮”，以飨各位。

花絮1：与一对华人夫妇坐在一起，其中那位女士问：“你们是从哪个州来的？”，我太太答：“中国”。那位女士又问：“知道你们是中国人，我问你们现在住在哪个州、是从哪个州送孩子来的？”这时我们才恍然大悟，于是又答：“我们住在中国北京，我们就是从中国送孩子来的。”这对华人夫妇瞪着大大的眼睛看着我们，半晌才又说出一句话：“现在中国的孩子到美国来上学，父母也能送到美国来？！”其实这一点也不奇怪，我就知道还有爷爷奶奶一起从中国大陆出发送孩子上学的。这些多年在外的“中国人”，现在已不太了解中国了。

花絮2：遇到一对美国夫妇送儿子上学，儿子能进入“常春藤盟校”之一的布朗大学，其高兴与骄傲溢于言表。孩子的父亲对我们说：“Paying the tuition would be like driving a BMW into the ocean every year.（从今往后我们要为儿子付学费，就像是每年要把一辆宝马开进大海。）”美国人的幽默让人“捧腹”，仔细回味，天下父母为培养孩子的“舍得”，其实都是一样无私的。

花絮3：入学仪式上遇校长鲁丝·西蒙斯（Ruth J. Simmons），她首先对我女儿进入布朗大学学习表示欢迎和祝贺，接着又说：“今年我们从中国大陆只招收了5名学生来布朗攻读本科，明年我们将扩大这个数字，我将专程去中国招生。”据悉，自从2007年以后，鲁丝·西蒙斯几乎每年都来中国访问，仅2008年从中国大陆招收的攻读本科的学生就创纪录地达到27名。近年来，美国各大学已越来越注重来自中国的生源，一是中国的学生都很优秀；二是中国留学的市场前景潜力巨大。

所有的事都“OK”啦！孩子一个人离开了父母，远离了家乡，独自飞翔了，这是他（她）人生必须经历的一个过程，孩子总在父母身边是永远“长不大”的。很多事例表明，孩子们的可塑性很强，没多久就能很好地适应当地的学习和生活了。

相对而言，倒是我们这些家长需要“长大”，本来是三口之家，现在孩子出国了，身为父母猛然间似乎有诸多的不适应，要真正调整过来需要相当长一段时间。然而，无论如何，这是我们必须面对的。

入学仪式上校长鲁丝·西蒙斯与女儿交谈

（2）踏上美国

只要手续完备，即使是第一次出国的孩子，一般也没有什么问题，无需担心。图4–3是美国入境程序，只要按程序办就可以。

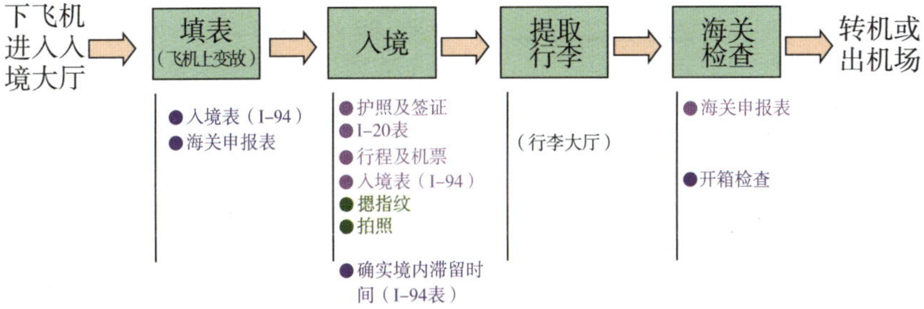

图4–3　美国入境程序

进入入境大厅（美国），需填写两份表格，一份是美国海关申报表，一份是美国出入境申请表（I–94表）。I–94表对于入境美国的外籍旅客非常重要，美国移民局和海关官员会检查这两份表格并最后决定你是否可以进入美国以及能在美国停留的时间。I–94表的“离境记录”部分通常由美国移民官订在旅客的护照上。在旅客离开美国时，该卡必须交给航空公司，而航空公司则转交给美国移民局，以建立该旅客出入美国的记录，否则将来美国有可能拒绝该旅客入境。

这两个表一般会在飞机上发给大家，在飞机上就可填妥。

要提醒的是，不管你所订机票的最终目的地是哪里，只要你中间转机乘美国国内航班，都必须在进入美国的第一个到达机场办理美国入境手续。当然，办理入境手续时你还必须先提出所有行李（包括所托运的行李），待办完入境手续后，再将原托运行李放在机场指定的区域或传送带上，由机场负责将你的行李随你接下去的航程同时送达目的地。

TIPS 16 美国《入境申请表》（I-94表）填写指南

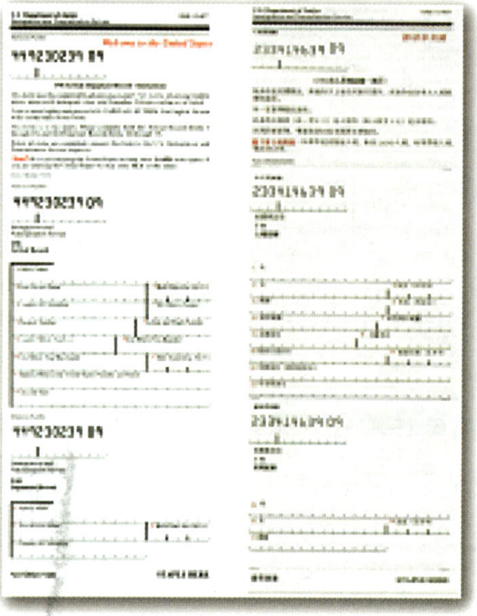

美国《入境申请表》

现将表格上的英文翻译如下：

- I-94 Arrival/Departure Record-Instructions I-94入境/离境记录说明

- This form must be completed by all persons except U.S. citizens, returning resident aliens with immigrant visas, and Canadian Citizens visiting or in transit. 除了美国公民，美国海外侨民，永久居民和加拿大公民外，所有访问或过路的人士都必须填写此表。

- Type or print legibly with pen in ALL CAPITAL LETTERS. Use

English.Don't write on the back of this form.（请用英文大写字母填写清楚，不要在此表背面填写任何内容。）

• This form is in two parts. Please complete both the Arrival Record (Item 1through 13) and the Departure Record (Item 14 through 17). 此表包括两部分，请填写入境记录（第1项至第13项）和出境记录（第14项至第17项）两部分。

• When all items are completed, present this form to the U.S. Immigration and Naturalization Service Inspector. 填写完毕后，请将此表交给美国移民局官员。

• Item7—If you are entering the United States by land, enter LAND in this space.If you are entering the United States by ship, enter SEA in this space. 第7项内容说明：如果你从陆路进入美国，请在空格内填写"LAND"；如果你是乘船进入美国，请在空格内填写"SEA"。

1. Family Name姓

2. First (Given) Name名

3. Birth Date (Day/Mo/Yr)生日(日/月/年)

4. Country of Citizenship国籍

5. Sex (Male or Female)性别（男性 Male 或女性 Female）请选择

6. Passport Number护照号码

7. Airline & Flight Number航空公司及班机号码

8. Country Where You Live居住国

9. City Where You Boarded你在哪个城市搭乘飞机

10. City Where Visa Was Issued在哪个城市取得签证

11. Date Issued (Day/Mo/Yr)取得签证日期（日/月/年）

12. Address While in the United State (Number and Street)在美国的住址（门牌号及街名）

13. City and State在美国的住址（市名及州名）

Departure Number 890738531 09离境号码 890738531 09

Immigration and Naturalization Service移民局

I–94 Departure Record I–94离境记录

1. Family Name姓

2. First (Given) Name名

3. Birth Date (Day/Mo/Yr)生日（日/月/年）

4. County of Citizenship国籍

TIPS 17 美国《海关申报表》填写指南

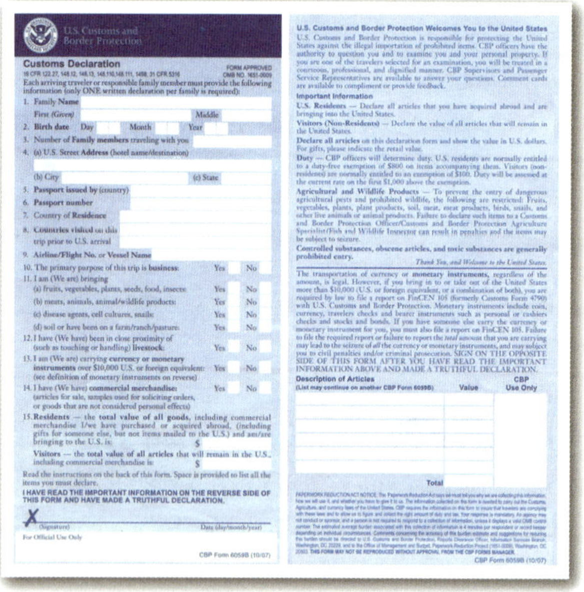

U.S. Customs and Border Protection

Customs Declaration

19 CFR 122.27, 148.12, 148.13, 148.110,148.111, 1498, 31 CFR 5316

FORM APPROVED
OMB NO. 1651-0009

Each arriving traveler or responsible family member must provide the following information (only ONE written declaration per family is required):

1. Family **Name**
   First *(Given)* Middle
2. **Birth date** Day Month Year
3. Number of **Family members** traveling with you
4. (a) U.S. Street **Address** (hotel name/destination)
   (b) City (c) State
5. **Passport issued by** (country)
6. **Passport number**
7. Country of **Residence**
8. **Countries visited** on this trip prior to U.S. arrival
9. **Airline/Flight No.** or **Vessel Name**
10. The primary purpose of this trip is **business**: Yes No
11. I am (We are) bringing
   (a) fruits, vegetables, plants, seeds, food, insects: Yes No
   (b) meats, animals, animal/wildlife products: Yes No
   (c) disease agents, cell cultures, snails: Yes No
   (d) soil or have been on a farm/ranch/pasture: Yes No
12. I have (We have) been in close proximity of (such as touching or handling) **livestock**: Yes No
13. I am (We are) carrying **currency or monetary instruments** over $10,000 U.S. or foreign equivalent: Yes No
   (see definition of monetary instruments on reverse)
14. I have (We have) **commercial merchandise**: Yes No
   (articles for sale, samples used for soliciting orders, or goods that are not considered personal effects)
15. **Residents** — the **total value of all goods**, including commercial merchandise I/we have purchased or acquired abroad, (including gifts for someone else, but not items mailed to the U.S.) and am/are bringing to the U.S. is: $
   Visitors — the **total value of all articles** that will remain in the U.S., including commercial merchandise is: $

Read the instructions on the back of this form. Space is provided to list all the items you must declare.

I HAVE READ THE IMPORTANT INFORMATION ON THE REVERSE SIDE OF THIS FORM AND HAVE MADE A TRUTHFUL DECLARATION.

X (Signature) Date (day/month/year)

For Official Use Only

CBP Form 6059B (10/07)

U.S. Customs and Border Protection Welcomes You to the United States

U.S. Customs and Border Protection is responsible for protecting the United States against the illegal importation of prohibited items. CBP officers have the authority to question you and to examine you and your personal property. If you are one of the travelers selected for an examination, you will be treated in a courteous, professional, and dignified manner. CBP Supervisors and Passenger Service Representatives are available to answer your questions. Comment cards are available to compliment or provide feedback.

Important Information

U.S. Residents — Declare all articles that you have acquired abroad and are bringing into the United States.

Visitors (Non-Residents) — Declare the value of all articles that will remain in the United States.

Declare all articles on this declaration form and show the value in U.S. dollars. For gifts, please indicate the retail value.

Duty — CBP officers will determine duty. U.S. residents are normally entitled to a duty-free exemption of $800 on items accompanying them. Visitors (non-residents) are normally entitled to an exemption of $100. Duty will be assessed at the current rate on the first $1,000 above the exemption.

Agricultural and Wildlife Products — To prevent the entry of dangerous agricultural pests and prohibited wildlife, the following are restricted: Fruits, vegetables, plants, plant products, soil, meat, meat products, birds, snails, and other live animals or animal products. Failure to declare such items to a Customs and Border Protection Officer/Customs and Border Protection Agriculture Specialist/Fish and Wildlife Inspector can result in penalties and the items may be subject to seizure.

Controlled substances, obscene articles, and toxic substances are generally prohibited entry.

Thank You, and Welcome to the United States.

The transportation of currency or **monetary instruments,** regardless of the amount, is legal. However, if you bring in to or take out of the United States more than $10,000 (U.S. or foreign equivalent, or a combination of both), you are required by law to file a report on FinCEN 105 (formerly Customs Form 4790) with U.S. Customs and Border Protection. Monetary instruments include coin, currency, travelers checks and bearer instruments such as personal or cashiers checks and stocks and bonds. If you have someone else carry the currency or monetary instrument for you, you must also file a report on FinCEN 105. Failure to file the required report or failure to report the *total* amount that you are carrying may lead to the seizure of *all* the currency or monetary instruments, and may subject you to civil penalties and/or criminal prosecution. SIGN ON THE OPPOSITE SIDE OF THIS FORM AFTER YOU HAVE READ THE IMPORTANT INFORMATION ABOVE AND MADE A TRUTHFUL DECLARATION.

Description of Articles (List may continue on another CBP Form 6059B)	Value	CBP Use Only
Total		

PAPERWORK REDUCTION ACT NOTICE: The Paperwork Reduction Act says we must tell you why we are collecting this information, how we will use it, and whether you have to give it to us. The information collected on this form is needed to carry out the Customs, Agriculture, and currency laws of the United States. CBP requires the information on this form to insure that travelers are complying with these laws and to allow us to figure and collect the right amount of duty and tax. Your response is mandatory. An agency may not conduct or sponsor, and a person is not required to respond to a collection of information, unless it displays a valid OMB control number. The estimated average burden associated with this collection of information is 4 minutes per respondent or record keeper depending on individual circumstances. Comments concerning the accuracy of this burden estimate and suggestions for reducing this burden should be directed to U.S. Customs and Border Protection, Reports Clearance Officer, Information Services Branch, Washington, DC 20229, and to the Office of Management and Budget, Paperwork Reduction Project (1651-0009), Washington, DC 20503. THIS FORM MAY NOT BE REPRODUCED WITHOUT APPROVAL FROM THE CBP FORMS MANAGER.

CBP Form 6059B (10/07)

美国《海关申报表》

表格上的文字翻译如下：

WELCOME TO THE UNITED STATES（欢迎来到美国）

DEPARTMENT OF THE TREASURY（财政部）

UNITED STATES CUSTOMS SERVICE（美国海关总署）

CUSTOM DECLARATION（海关申报）

Each arriving traveler or head of family must provide the following information (only ONE written declaration per family is required): 每一位入关的旅游者或一家之主必须提供如下资料（一个家庭只需申报一份）:

1. Family Name：姓

2. First Name：名

3. Middle Initial：中间名

4. Date of Birth：(Day/Month/Year)出生日期（日/月/年）

5. Airline/Flight No.：航空公司/航班号

6. Number of family members traveling with you：与你同行的家庭成员人数

7. (a) Country of Citizenship：国籍

(b) Country of Residence：所居住国家

8. (a) U.S. Address (Street Number/Hotel/Mailing Address to U.S.)：在美国的地址（街道地址/旅馆/在美国的通讯地址）

(b) U.S. Address (City)：在美国地址（城市）

(c) U.S. Address (State)：在美国地址（州）

9. Countries visited on this trip prior to U.S. arrival：在到达美国之前此行所访问过的国家

10. The purpose of my trip is or was Business/Personal：此次旅程的目的是 商务/个人

11. I am (we are) bringing fruits, plants, meats, food, soil, birds, snails, other live animals, farm products; or, have been on a farm or ranch outside the

U.S.：YES/NO你携带水果、植物、肉类、食品、土壤、鸟类、蜗牛、其他动物和农产品，或你一直居住在美国以外的农村或牧场吗？是/否

12. I am (we are) carrying currency or monetary instruments over $10000 U.S. or the foreign equiralent. YES/NO：我（我们）携带了超过一万美金或等值的外国货币或有价证券，是/否

13. I have (we have) commercial merchandise, U.S. or foreign：(Check one box only) YES/NO 我（我们）携带了美国或外国商品：（只能在一个方框内打钩）是/否

14. The total value of all goods I/we purchased or acquired abroad and am/are bringing to the U.S. is (see instructions under Merchandise on reverse side; visitors should report value of gifts only): $\_\_\_\_\_\_\_\_\_ U.S. Dollars. 我（我们）在国外购买或获得并带入美国所有物品总价值(参看背面商品栏目；访问者只需申报礼品价值)：$ _________ 美元

SIGN ON RESERSE SIDE AFTER YOU READ WARNING.(Do not write below this line.) 在你阅读警告之后请在背面签字(不要在此线下面签字)

INSPECTOR□S NAME STAMP AREA检查员姓名 盖章区域

BADGE NO徽章号码

4. 校园生活

(1) 开学典礼

学校开学典礼的那一段时间，你最重要的事当然是办理入学手续，但这件事不难，因为当你还在家的时候，学校便会把整个入学的活动安排、

注册流程、注意事项等都详细地发给你或寄给你，到达学校后你只要“按图索骥”即可。入学注册手续办理成功的最直接的“可视物”就是拿到上面赫然写着你的大名和印有你的照片的“某某大学学生ID”，这张小小的ID至少要伴随你整整4年的大学生活，而且事实上你每天，甚至时时刻刻都离不开它！吃饭、进门、上课、锻炼、看病……包括交通（布朗大学所在的普罗维登斯市，只要用布朗大学的学生ID，就可以免费乘坐任何公交汽车）。

在此期间，你还要去附近的商场或超市或多或少地购买一些生活必需品，如牙膏、洗头水等等，先将一些生活上的必需品买好，其他的东西则可慢慢添置。

美国的大学把“入学周”当成学校，甚至学校所在城市的一项极为隆重的大事来操办，那几天，来自全美各地的家长们兴高采烈地来到学校送他们的孩子。小车后面带拖斗的车（这种“拖斗”像一个小型、封闭的集装箱，在各租车行都有出租，不过在每年大学的入学和毕业季它可是“紧俏货”！）充斥着学校周边的大街小巷，成了一道独特的风景。

学校开学典礼期间还有其他丰富多彩的活动，你若没有更急、更重要的事，建议你尽量多参加，因为那时候，谁都是刚来学校，谁也不认识谁，而且大多数外国学生还是很友好的，很容易和他们成为朋友。别忘了，中国有句老话，叫“在外靠朋友”。

（2）注意安全

孩子们第一次出远门，有不少情况是以前从未遇到过的，在这里为大家提供一些必要的提醒。

①人身安全

• 不要到危险的地方去

• 不要做特别冒险的事

• 不要轻信毫不熟悉的人的话

②健康安全

• 医疗保险是必须要办理的

③财产安全

• 注意看管与放置

• 旅行时，不要将贵重物品托运（护照、文件、机票、钱、相机等），要随身携带

• 少带、少使用现金，尽量使用信用卡（刚去美国的孩子因为还没有足够的社会信用，不能办信用卡，所使用的信用卡一般都为父母信用卡的附属卡）

• 到当地后及时办一张银行卡（Debit），将所带现金及时存到卡里，使用时刷卡

5. 文明礼仪

大学生应该具有得体的待人接物能力，这种所谓“得体的待人接物能力”就是我们所说的礼貌或礼仪。

我们为什么要讲礼貌或礼仪呢?

一是我们应当成为有品位、有教养的人；二是礼仪素质能为我们的生

活和事业打造出更多和谐、愉快、成功的氛围，增强人际沟通能力；三是礼仪教养可以增强我们的自信；四是礼仪教养可以增强一个人的魅力指数；五是礼仪教养可使我们避免素质竞争中的“一票否决”。

从另一个角度说，中国有句俗话叫“入乡随俗”，既然到别的国家，就应该尊重别国的风俗习惯，这就是我们通常所说的礼貌或礼仪。此外，一些我们原来已经习以为常的言行举止，在新的环境、新的文化下，可能就显得不协调，对于一些不妥当的行为或称“陋习”，也应特别引起注意。

下面主要从衣着、餐饮、住宿、交通、上课（或公务）、访问、观光以及其他等8个方面作一简单介绍。

(1) 衣着

①正式场合要着正装，正装一般为西装或商务休闲装

- 西装：深色西装套服、西式衬衫、领带（领结）、黑色（系带）皮鞋、深色薄袜
- 商务休闲装：西装（休闲）上衣、西式（休闲）长裤、西式（休闲）衬衫、皮鞋、深色薄袜、领带

②非正式场合最好不要着正装

其他应注意的事项：

- 穿西裤时，多是单独穿着，不宜再穿秋裤、毛裤之类
- 打领带时不要卷袖子
- 不打领带时不要扣领扣
- 着西装不能穿旅游鞋

- 搭配要得当
- 衬衣要熨烫平整
- 并不是穿昂贵的服饰就是高素质
- 不要在公共场合脱鞋

（2）餐饮

①西餐用餐要领

- 切成合适的大小块
- 面包用手拿，掰着吃
- 酒不要倒满杯
- 嚼东西时不要举着刀叉
- 盘、碗不离桌
- 刀叉、盘碗不要碰得叮当响

②中餐用餐要领

- 不要给别人夹菜
- 外国人通常不吃内脏
- 不要强行劝酒
- 不要醉酒
- 要符合“动物保护”的相关法规

③自助餐用餐要领

- 尽量一次拿够，但不要显得太多（堆成山）
- 不知是否对胃口时，可以先少拿些

- 尽量不要剩
- 不要拿用过的盘子（碗）再去取食物

④**快餐用餐要领**

- 通常要自己主动倒垃圾、收餐具

⑤**饮料（咖啡、茶）饮用要领**

- 不要用搅拌勺舀着喝
- 不要倒得太满（7成左右即可）
- 不要把喝到嘴里的茶叶再吐出来
- 用吸管不要吸出声音

⑥**其他注意事项**

- 在美国吃比萨、汉堡等一般都用手拿着吃
- 吃东西时，嘴尽量不要发出声音（喝汤、吃面条等）
- 食物或饮料很烫，要让它自然凉，不要“吹”
- 不要把咽不下去的东西，在众目睽睽之下吐出
- 遇到被呛咳嗽时，去洗手间
- 不要张开大口当众剔牙
- 不要抱怨别人点的食物
- 即使远处的菜好吃，也不要站起来“努力”地夹菜
- 嘴里含着东西时，不要说话
- 不要把胳膊肘放在桌上
- 在美国餐馆的服务是要付小费的
- 正规宴请时要着正装

TIPS 18 如何付小费

在美国，支付小费是很盛行的，付给服务人员一定额度的小费，是客人对其服务的酬劳、尊重、肯定以及鼓励。但是，支付小费并不是对任何服务、任何对象、任何场所都适用，这也是十分讲究的。

在美国用餐时，所支付的小费一般约为餐费的15%~20%。如果服务较多的话，还要适当多付一点小费，但在自助餐店、麦当劳、肯德基等快餐店是不需要支付小费的。在酒吧，要付给调酒师15%的小费。在饭店，提取行李小费每件约0.5~1美元，床头小费（即付给房间清洁人员的小费）约为1~2美元，对开门的服务员、房间清洁人员要付小费，而对柜台的服务员则不必付。乘坐计程车时，付给司机的小费约为车费的10%~15%，如果还有行李的话，每件行李也要酌情加付小费。对机场小巴司机也要给小费，约为1~3美元，但对按正常路线行驶的巴士则不必。停车时的小费一般约为1~2美元。乘坐火车或轮船时应该付小费，但乘坐长途汽车或飞机时则不必。在机场、车站或码头，有搬运工搬运行李，要给搬运工一定的小费。如果服务得特别周到，还要多付一些，因为对这些搬运工来说，小费在他们的收入中占了很大的比例。而对行李存取处的服务员则不必支付。

在支付小费的时候有很多方式，可以不找零钱，或将小费放在餐桌、床头给服务员，或是将小费直接给服务员都可。对于国家公务人员，比如海关检查员、警察等，是绝对不可以给小费的。否则，可能惹出不必要的麻烦！

不同场合的小费标准一览表

场　合	小费金额
餐厅	餐费的15%~20%
酒吧	酒水费用的15%
酒店服务人员	0.5~1美元/一件行李
酒店清洁人员	1~2美元/天
停车	1~2美元
出租车	车费的10%~15%
机场小巴司机	1~3美元

（3）住宿

①住宿舍或是外出住宾馆要注意：

- 注意整洁，不要折腾得太乱
- 不要弄脏地毯
- 不要干扰左邻右舍（如电视、打牌）
- 不要在走廊内大声说话
- 不要在不吸烟的房间抽烟
- 小便时要提起马桶盖
- 大便纸要扔进马桶
- 要冲马桶
- 不要穿着睡衣在房间以外的场合活动

②若外出住宾馆还要注意

- 不用的东西不要破坏
- 不要用浴巾、床单等擦拭皮鞋
- 雨雪天淋湿的雨具等物品要存放在指定地点
- 门童帮拿行李要给小费

（4）交通

①汽车

- 要坐你合适的位置，小客车位置的常规坐法是：如果你是主人（主宾），你总是和主宾（主人）坐在一起（排）。如果你是学生/下属/晚辈，则如图4-4所示。
- 不要在右边超车
- 不要往车外扔垃圾
- 开车要提前打灯

图4-4　小客车位置的常规坐法（如果你是学生/下属/晚辈）

• 转弯要提前打灯

• 遵守交通法规

• 遵守交通文化

• 遇特殊车辆一定要“让”或“停”（图4–5特殊车辆：警车、救护车、消防车、校车等）

• 停车要入位

图4–5　特殊车辆（警车、救护车、消防车、校车等）

②飞机

• 登机后要尽快入座

• 放行李要尽量少占空间

③电梯

• 乘滚梯靠右站

• 若你的老师、上司或同事正陪同重要客人在电梯里，你应乘下一趟电梯

④步行

• 与陌生人之间的距离不要太近

• 不要成群结队挡着道路

• 要帮别人开门

- 开门要注意里面的人
- 关门要注意后面的人

（5）上课（或公务）

①应注意的文明礼仪

- 介绍时更受尊重者有优先知情权（把地位、职务低的介绍给地位、职务高的；把同学介绍给老师；把男士介绍给女士；把晚辈介绍给长辈；把客人介绍给主人）
- 领导、长辈先坐你后坐
- 领导、长辈后到要起立
- 讲话、发言大声（自信）
- 不要用质问的口气提问题
- 要倾听别人讲话（注视对方、不轻易打断）
- 时刻记住手机铃声状态
- 开会时出去接、打电话
- 包不要放在桌子上
- 不要弄洒饮料（茶、咖啡等）
- 不要主动起身给自己（同伴）倒水
- 站起来离开时，要把椅子推靠至桌边

②应避免以下不良习惯

- 抓痒
- 猛扯或玩弄头发

- 手指不停地敲
- 玩笔
- 玩弄、挑或咬指甲
- 腿不停地抖动
- 舌头在嘴里乱动
- 坐立不安
- 打哈欠
- 嚼口香糖

（6）访问

- 访客先预约
- 按时赴约（不早不晚）
- 不要随便进别人的卧室
- 在宾馆约见时，一般不去房间
- 不必送昂贵的礼物
- 接受礼物要打开，并表示感谢

（7）观光

- 进入教堂、寺庙时，女士不要穿裙子、无袖上衣，男士不要穿短裤、拖鞋
- 要遵守部分场馆内拍照不得使用闪光灯的规定
- 不要触摸展品，也不要品头论足
- 公众场合不要大声喧哗（打电话）

- 不要盯着陌生人看
- 不要随意对着陌生人拍照
- 别人拍照注意避让
- 在影剧院观看电影或演出时，应提前进场
- 如因故迟到，不要马上入座，先在就近方便的空位上坐等，到幕间休息时再就座，或请导座员协助就座，并请同排观众让道进入
- 就座后应脱帽
- 进入超市选购商品时，不要打开包装
- 结账（付钱）也要尊重别人

（8）其他

- 礼貌语言不离口（如：“请”“谢谢”“麻烦您”“对不起”“能不能”等）
- 不要随地吐痰
- 不要往垃圾箱上的烟灰缸里吐痰
- 不要靠近别人咳嗽、吐痰
- 不要在不能抽烟的地方抽烟
- 不要随地扔垃圾
- 不要让别人等你
- 要排队
- 排队不要挨得太紧
- 女士优先

ADVICE

五、忠告篇

作为父亲，我参与了女儿申请美国大学的全过程。仔细回想起来，倒也谈不上有多么丰富的经验或教训，但对于整个经历却也颇有心得，尤其是对一些比较“纠结”的问题，很有必要把它整理出来，提出我的看法，供大家参考。

1. 时刻明确“为什么要出国留学”

这个问题，不仅仅是孩子，包括家长（甚至更大范围内的家庭成员）都要时刻有一个明确的答案。出国不是家长逼出来的，更不是为了赶潮流而去凑热闹的。对这个问题没有一个清醒的认识，则主观的“动力”问题就没有解决，那么整个过程一定会“很累”，往往也很难达到预期效果。

2. 不要片面追求学校排名

能够上知名度高的、排名靠前的大学固然好，但是，不要片面追求学校的排名。一方面，排名靠前的大学未必有你感兴趣的专业，或你感兴趣的专业未必是优秀的；另一方面，在前面的章节中我们分析过美国高等教育的水平与质量，我认为，美国排名在前一二百名的大学总体水平都是相当不错的，没有必要为此“煞费心机”。

3. 不要“患得患失”

通常，孩子在申请美国大学时，也正处于中国“高考”的备考“冲刺”阶段。“高考”与“申请美国大学”这两件事会不会产生矛盾，产生了矛盾怎么处理，处理得好坏会直接影响最终的结果。我的观点是，如果你觉得还是倾向于出国留学的话，你可以把高考相对放松一点。因为孩子不可能有那么充沛的精力同时面对两个异常重要的考试。俗话说“鱼和熊掌不可兼得”，“患得患失”可能二者均不会如意。

4. 把握好奖学金问题

当你决定申请一所大学时，你首先应该喜爱这所大学，因此，最好不要把是否有奖学金当做你选择该大学的一个先决条件。事实上，你是否被录取，是由学校的学术评定机构决定的，而是否给你奖学金，则通常是由该校独立于学术评定机构的财务机构来决定的。学校录取你时不提供奖学金，你可以选择“不去”，但在申请时你就明确“奖学金为先决条件”则非明智之举。

5. 积极与中学沟通、协商

近几年来，随着出国留学越来越热，不少中学都先后开办了专门的“国际班”，因此，现在的中学都比较“开明”了。但就在几年前，我女儿要到学校开具一份成绩单还是很困难的。更有甚者，就是前面提到过的W同学，当时的人大附中对学生，尤其是优秀学生的出国留学虽说不上“阻挠”，但也颇不“情愿”，家长到学校教务处开不出成绩单，原因是要找校长“批准”，可校长却“躲”着家长“不见”，家长为此颇费周折。个中原因是可以理解的——因为每所中学都十分在乎“升学率”，少了一个“好学生”参加高考，分母不变，分子则少了一个肯定能被录取的学生。所以，努力做好与中学的沟通，尤其是与校长和教务主任的协商，可以免去很多周折。

6. 你完全可以自己申请

美国人自己申请大学时是很少请咨询公司帮忙的，倒是在我们中国，出国咨询及帮别人申请学校的生意做得“如火如荼”，大有“一浪高过一浪”的趋势。其实主要原因很简单，只有两点：一是家长普遍都有“就怕耽误孩子”的心理，因此“不惜成本”而为之；二是语言障碍问题，多数家长对整个申请过程中的英文要求不能胜任。

但是，把“命运”尽量掌握在自己手里，这仍是最明智的选择。自己申请的好处，一是更能体现你的真实情况，尤其是如Essay这样的短文，出自申请人自己之手往往更情真意切、更能打动人；二是可以及时跟踪、掌握你的申请状态，在处理一些急需回答的问题时更为方便直接，不会因信息沟通不及时而耽误了申请。三是可以省下一笔不小的开支，有关开支的具体数额将在下文中给予详细分析。

事实上，自己申请成功的实例也有很多。比如我身边的S同事，完全靠自己的努力帮助女儿成功申请了美国的大学，并获得了奖学金，更可喜的是，在紧接着的第二年，他又帮助他弟弟的孩子申请成功。所以说，不要把申请之事想象得有多么难，甚至“可怕”。

7. 不妨请一家咨询机构帮助“包装”

整个申请过程，一是有一定的“技巧”，没有经历过或走过全过程，可能一下子还真不清楚其中的奥妙；二是工作量不小，而且非常繁杂，孩子及家长未必有这个精力或能力来办这件事。因此，要不要请一家咨询机构来帮助做这项工作，也一定是很多家长关心的问题。

我的观点是，你不妨请一家咨询机构来帮助“包装”，这样至少可以大大减少你的工作量，使你的孩子有更多的时间去准备托福、SAT，甚至高考等各种必须由孩子亲自去做的工作，好处是显而易见的。

但是，请咨询机构“包装”，必然会带来以下问题。

（1）如何选择咨询公司

随意打开一些网站，各种各样的留学咨询公司及其信息就会充斥你的“视野”。据中华人民共和国教育部2007年统计，全国有398家出国留学咨询公司，其中仅北京就有71家（资料来源：中华人民共和国教育部网站）。这还仅仅是所谓的有正式资质的公司。事实上，名不副实的（例如，只有“劳务出国”资质的公司也在开展“出国留学”业务），甚至没有任何资质的公司也为数众多。因此，如何在这种“鱼龙混杂”的局面中选择并确定一家真正能帮助你解决问题的公司，颇为困难！

（2）没有一家咨询公司会给你百分之百的承诺

不要指望哪家咨询公司会给你“打保票”，客观上你也不能让咨询公司“勉为其难”。事实上，在这桩“买卖”中，咨询公司是处于绝对“优势”的，你是处于绝对“劣势”的。因为咨询公司最大的“风险”大不了是不赚（或赚不到）你这份钱；而你如果没有被录取，最小的“风险”也要耽误一年的宝贵时光。更有甚者，孩子没有书念，或许由此就完全改变了他（她）的人生轨迹，这种“风险”所带来的代价是无法估量的！

（3）信息很不透明

具体承办你的案子的，可能就是一个二十五六岁的办事员，虽然英文还可以，但他（她）手上至少有二三十个案子。他（她）一个人要和你们二三十个委托人仔细地了解情况，和你们仔细地谈话，从时间上就根本应付不过来，所以他（她）一定是按他们的固定“程序”来处理的。

一般来说，当你和咨询公司签订了正式合同后，公司会让你填一份有几十个甚至一二百个问题的信息调查表格，问一些基本情况，然后就会根据这些基本信息来“编写”你的各种申请文件。这里请注意，他（她）年年做这个事，月月做这个事，已经形成了一些固定的“模板”，只是针对不同的申请人稍加修饰而已。因此，请咨询公司帮助申请的文件，一般来说你是自始至终不得而知的，只能由他（她）去“编写”了。

再举一个例子，还有更着急的事。就是前面提到过的W同学，那年冬天的12月20日后的某一天，她父亲来跟我说："很着急，申请日期马上就要截止了，我不知道他们给我孩子办得怎么样了。"我说："不要着急，你们既然签了合同，他们一定会帮你办的。"他又说："他们肯定还没有给我孩子把申请递交出去，因为需要用我的信用卡付款，他只要刷一下卡我的手机就会响，可是到现在我的手机还没有'响过'！"到了12月30日，那位父亲又来跟我说："申请到现在还没有送出去，只有一天了，着急呀！打电话他们也不接！"我说："那你就继续打电话吧！"事后那位父亲告诉我，他后来好不容易在第二天，也就是12月31日那天打通了具体承办人的电话，可承办人却在电话里对他说："你着什么急呀，美国和中国还有12小时的时差呢！"如果是自己或家长帮助申请，我想，是绝对不会这样的。这样的事情使家长不知所措、心急如焚，所以对于这种"信息不透明、不对等"所带来的烦恼，事先要有充分的思想准备。

（4）收费是可观的

咨询公司为你服务，收取一定的费用天经地义，无可厚非。但要注意的是，各家公司的收费并没有一个统一的标准，有些甚至是有"陷阱"的。

比如，咨询公司在与你谈合同时会首先声明："若申请不成功，则分文不取"，看起来很公道、很"仗义"。但是，你仔细想想：

第一，"申请不成功"，他们"分文不取"（即"申请基本费用"或称"劳务费"不收，这项费用各个公司不同，一般为2～3万元不等），对他们来说，只是浪费了劳动力成本，其他则“毫发未损”，而你却至少是以“浪费一年的青春年华”为代价的。这个“买卖”从根本上就不对等，但你也颇为无奈。

第二，事实上，所谓“分文不取”，并不是说，整个过程你不必承担任何花销。在申请过程中，所有直接费用（包括申请费、邮寄费等）是“刷你的卡”，所以这类开销你是必须承担的。

第三，除此以外，还有一项很有可能发生的费用，即 “名校费”。所谓“名校费”即当你被某所（或某些）学校录取后，要按这所（些）学校在当年的排名（一般以*US News*的排名为准）收取一定的费用，一般的收费标准如表5-1所示。

第四，倘若咨询公司为你申请到了奖学金，那么，第一年50%的奖学金（比例一般如此）归咨询公司所有。

表5-1 咨询公司收取的“名校费”标准

学校排名	收费金额（万元）
1～3名	5
4～10名及“常春藤”学校	4
11～20名	3
21～30名	2
31～50名	1
51名及以后	0

至此，我为你算一笔账，假如你申请了10所美国大学，最终在你被录取的学校中排名最高的是哈佛大学（排名第1），则你为申请学校所要付给咨询公司的费用为：

- 申请基本费用（劳务费） 3万元
- 直接费用（包括申请费、邮寄费等） 2万元（每校2千元×10）
- “名校费” 5万元

以上3项费用相加就是10万元！这可不是一笔小数目。孩子还没去美国念书，申请费用就花了10万元！

倘若咨询公司还帮你申请到了奖学金，则他们的“赚头”更大！

不难看出，“出国留学咨询”基本上是一桩“只赚不赔”且几乎无任何风险与责任的“生意”，难怪有那么多的人都在千方百计地开咨询公司，做出国留学咨询的买卖呢！

TIPS 19 美国时间

美国时间一般被认为是美国本土的时间。美国本土横跨西五区至西十区，共6个时区，每个时区对应一个标准时间。从东向西分别为东部时间（EST）（西五区时间）、中部时间（CST）（西六区时间）、山地时间（MST）（西七区时间）、太平洋时间（西部时间）（PST）（西八区时间）、阿拉斯加时间（AKST）（西九区时间）和夏威夷时间(HST)（西十区时间），按照“东早西晚”的规律，各递减一小时。美国从每年3月的第二个星期日至11月的第一个星期日采用夏令时，夏令时比正常时间早一小时。

美国的时区界限并不完全按照经线划分，基本上照顾了各州的自然边界。不同的时区覆盖的州市大小、多少不同。东部时间（EST）包括大西洋沿岸及近大陆的19个州和华盛顿特区，代表城市华盛顿、纽约。中部时间（CST）代表城市芝加哥、新奥尔良。山地时间（MST）代表城市盐湖城、丹佛，太平洋时间（PST）包括太平洋沿岸的4个州，代表城市旧金山、洛杉矶、西雅图。阿拉斯加时间（AKST）只限于阿拉斯加。夏威夷时间（HST）只限于夏威夷。

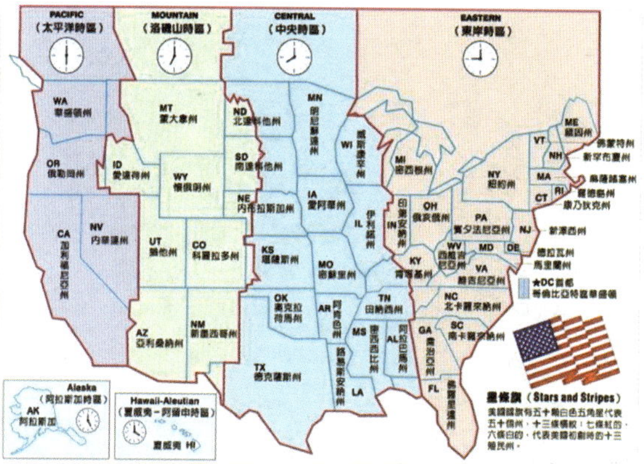

美国时区图

夏威夷时间比北京时间晚18个小时；阿拉斯加时间比北京时间晚17个小时；太平洋时间比北京时间晚16个小时；山地时间比北京时间晚15个小时；中部时间比北京时间晚14个小时；东部时间比北京时间晚13个小时。

例如：北京时间减去16个小时就是美国太平洋时间。北京时间20：00，美国太平洋时间就是04：00。在夏令时，时差少一小时。如在美国夏令时，北京时间20：00，美国太平洋时间就是05：00。

8. 你（们）一定要回来

钱学森先生是我国杰出的爱国科学家，是新中国留学归国人员中最具代表性的国家建设者之一，被誉为“中国航天之父”。1950年，钱学森先生争取回归祖国，而当时美国海军次长金布尔声称：“钱学森无论走到哪里，都抵得上5个师的兵力，我宁可把他击毙在美国，也不能让他离开。”钱学森先生由此受到美国政府迫害，遭到软禁，失去自由。

图5-1　钱学森先生

为争取回国，钱学森在1955年写给陈叔通老先生的信中这样写道：

“被美国政府拘留，今已五年，无一日、一时、一刻不思归国参加伟大的建设高潮……学森这几年中惟以在可能范围内努力思考学问，以备他日归国之用。”

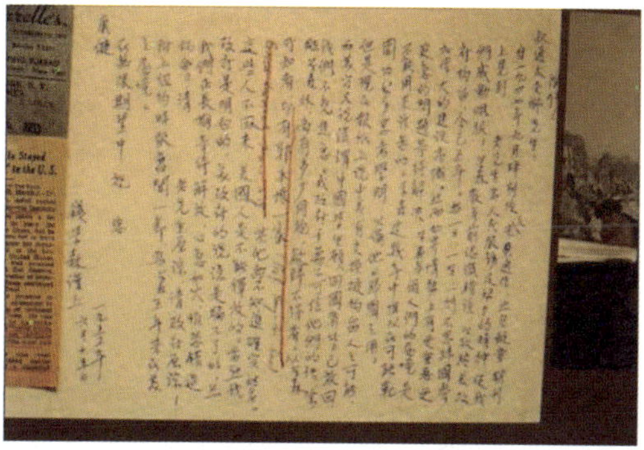

图5-2　钱学森写给陈叔通的信

经中国政府的不断努力——甚至不惜以释放15名在朝鲜战争中俘获的美军高级将领作为交换，钱学森先生终于冲破重重阻碍，于1955年9月17日踏上了归国的旅途。自1958年4月起，他长期担任火箭导弹和航天器研制的技术领导职务，为中国火箭和导弹技术的发展提出了极为重要的实施方案，也为中国航天事业的发展作出了不可磨灭的巨大贡献。

在那个年代，中国与美国的差距要比现在大得多，老一辈的科学家尚能放弃优越的物质条件，回归建设自己的祖国。那么，今天的我们还有什么理由“学成而不归国”，不为祖国的建设与发展“添砖加瓦”呢？！

中国人有句老话，叫做“子不嫌母丑，狗不嫌家贫”，换句话说就是“在任何外人面前你不能说你的母亲不好”。我再引申一下，则是“在任何外国人面前不能说祖国不好”。我走过世界上几十个国家，我的切身体会是，如果连你自己都说祖国不好，你只会被别人看不起。

记得2007年我在北京首都机场送别女儿后，回家途中我就给女儿发了一条短信：在任何外人面前不能说妈妈不好；在任何外国人面前不能说祖国不好；因为有妈妈，因为有祖国，所以，你一定要回来！

至今，这条短信仍然保存在我的手机里。

因此，在此书的结尾，作为我的最后一个忠告，我想对所有准备出国留学或者已经在国外留学的孩子们特别嘱咐一句心里话："你（们）一定要回来！"

图5-3　钱学森一家回国时在邮轮上

CONCLUSION
六、结束语

赴美留学的申请过程是一项非常繁杂的“系统工程”，准备得再好、花的钱再多，在没有拿到录取通知书之前，谁也不敢说百分之百成功。

因此，家长，特别是申请人本人一定要十分冷静，调整好心态，做好充分的思想准备。

一方面，“有志者，事竟成。”

另一方面，既然努力了，不管结果如何，都要坦然面对。

POSTSCRIPT
七、后记

女儿于2007年赴美留学后不久，我便萌生了要写这本“小册子”的想法。随后，一是工作繁忙，二是委实倦怠，于是早有的想法便被一再搁置，一直未能真正动笔。转眼到了2011年夏，猛然间想起自己在四年前便已下的决心，现在女儿都大学毕业了，自己还未付诸行动，倍感惭愧，于是，下定决心，开始动笔。即便如此，还是拖拖拉拉，先后近半年光景才得以完成这本“小册子”。

我自知文学修养有限，遣词造句能力平平，因此并不奢求这本凝结着自己辛劳的“小册子”会多么受读者喜爱；唯聊以宽慰的是，我竭自己之所能记录了女儿成长过程中的一个重要环节，我尽自己之心完成了自己的一个夙愿，如此，已足矣！

在完成这本小册子的同时，得知所熟悉的孩子们一个个都学业有成、健康成长，作为长辈，我甚为欣喜：

X同学在美国罗切斯特大学（University of Rochester）获得了经济学和广告与视觉艺术双学位后，又考取了英国中央圣马丁艺术与设计学院（Central Saint Martins College of Art and Design，是世界四大设计学院之一，被称为“设计师的摇篮”），专攻策展专业，2012年即将硕士毕业。经历过“哥德堡号”上的艰苦磨砺，加之与生俱来的组织和领导能力，相信她在未来的艺术领域会尽情地施展才华。

W同学2012年5月将从麻省理工学院（MIT）数学专业毕业，酷爱数学的她，目前已收到了哈佛大学（Harvard University）、斯坦福大学（Stanford University）和麻省理工学院（MIT）的博士录取通知书，面对多个一流大学的录取通知书，她正处于“痛苦”的抉择之中。一颗未来的“女数学之星”正在冉冉升起。

曾被清华附中老师“不看好”的G同学，目前也就读于美国波士顿大学（Boston University，创校于1839年，是全美第三大私立大学，

布朗大学毕业典礼上迎风飘扬的中国国旗

US NEWS 2011年美国大学排名第53名，共有6位诺贝尔奖获得者）经济专业，明年行将毕业，在她面前展现的未来也将是一片广阔的天地。

我的女儿，2011年5月以各门功课全A、GPA4.0的优异成绩隆重、热烈而神圣地走出了布朗大学（Brown University）的“大铁门”，成为布朗大学第244届毕业生。布朗大学最具有代表意义的“大铁门”（Van Winkle），一年只开启两次，一次是在新生入学仪式的时候，所有新生从“大铁门”进入布朗大学；另一次则在每年的毕业典礼时，所有当年的毕业生们都身着彰显自己学位的盛装从“大铁门”里走出布朗大学，从此走向世界。

图7–1　布朗大学2011年毕业的第244届毕业生正排队走出“大铁门”

看着女儿完成了大学全部学业，我们更加感到，选择大学，不能仅看学校名气，更要看学校是否适合孩子的发展。女儿选择的布朗大学很适合她，因此她在这四年的学习中收获极大，不仅学到很多知识，而且过得非常开心。高高兴兴念完了大学，从来没有感觉不堪重负，并以极其优异的成绩毕业。在毕业典礼上，当院长念到女儿的名字时还特别加了一句："Ruyi is also graduating with magna cum laude！"（magna cum laude为拉丁语，原意为"大奖"或"大的荣誉"，布朗大学以此表彰学业成绩优异的毕业生）

我为我的女儿而自豪！

我为X同学、W同学、G同学等的成长、成才、成人而骄傲！

Acknowledgements
鸣谢

我根本没想到，把口头的“讲座”变成“书”竟然会有这么多的“事儿”，好在这么多的“事儿”有人帮我。

首先，我要感谢我的女儿，以及我所认识的那些优秀的孩子们，他们的经历和故事，是促成此书的最根本的动因。

其次，我要感谢历次听我讲座的孩子及家长们，是他们不断地提出问题和建议，从而丰富和充实了本书的内涵。

再次，我要感谢我的同事小张，是她帮助我把讲座的录音变成了文字，从而有了本书最原始的初稿。

最后，我还要感谢中国宇航出版社为本书的出版所做出的努力，是他们“发现”“挖掘”了我，并最终使我的文字变成了实实在在的书。

此外，施正平、钱小静、李文宇、王伊、吉宇婷、马丽华、路弯弯为本书提供了照片，在此一并表示感谢。

当然，个人的观点难免偏颇，甚至谬误，若有不妥，还望读者见谅。只要孩子们以及家长们能从中得到一点点启示或是帮助，对我而言已是十分高兴和愉悦的事了！

一切为了孩子

2004年中国宇航夏令营赴美国著名大学参观的孩子们

Appendix A Brief Introduction of the Ivy League Universities

附录　美国“常春藤”大学简介

1. 哈佛大学（Harvard University）

哈佛大学，位于马萨诸塞州剑桥市，是美国最早的私立大学，是以培养研究生和从事科学研究为主的综合性大学。

哈佛大学校徽

哈佛大学前身为剑桥学院。1636年，马萨诸塞海湾殖民地议会通过决议，筹建一所高等学府，即剑桥学院。1638年，剑桥大学依曼纽学院毕业生牧师约翰·哈佛病逝，他拿出毕生的一半积蓄720英镑以及私藏的400余册图书捐赠给剑桥学院。1639年，马萨诸塞海湾殖民地议会决定把剑桥学院改为哈佛学院。1780年哈佛学院扩建成哈佛大学。

哈佛大学是美国第一所大学。哈佛大学为美国独立战争培养了大批人才，很多革命先驱都出自于哈佛大学。哈佛大学也享有“美国政府的思想库”的美誉。哈佛大学先后造就了8位美国总统，他们是约翰·亚当斯、约翰·昆西·亚当斯、拉瑟福德·海斯、西奥多·罗斯福、富兰克林·罗斯福、约翰·肯尼迪、乔治·沃克·布什和巴拉克·奥巴马。哈佛大学拥有强大的师资力量，曾在哈佛任教的教授中，总共有34位诺贝尔奖得主。商学院的案例教学享有盛名。

哈佛大学的图书馆藏书量超过1 500万册，它是美国最大的学术图书馆。如今，哈佛大学已发展为拥有100多个专业的大型院校。多年来，哈佛大学培养了大量的美国优秀人才，与此同时还以它强大的魅力，吸引了大批来自世界各地的优秀留学生和访问学者。

学校目前在校学生20 379人，其中本科生6 641人，录取率为7%。本科每年需缴纳的学费为39 849美元，其他费用约为12 801美元。每年提前申请截止日为11月1日，提前申请回复日为12月15日。正常申请即秋季申请截止日为1月1日。奖学金申请截止日为2月1日。学校要求新生SAT成绩为：阅读690~800分、数学700~790分、写作710~800分。ACT成绩：31~34分。托福成绩：600/100分以上。哈佛大学在*US news*调查的全美本科院系排名中，人文学科、政治学、英文系总排名第一。学校热门的本科专业有：社会科学、生物学特性、历史、英语、数学与统计、心理学、物理科学、视觉及表演艺术。

哈佛大学作为“常春藤”盟校之一，见证了美国历史的发展，是世界各地优秀学子心之向往的神圣学府。

哈佛大学

2. 耶鲁大学（Yale University）

耶鲁大学，是一所坐落于美国康涅狄格州纽黑文市的私立大学，2011年全球排名第三位。始创于1701年，是“常春藤”盟校之一。耶鲁大学是美国历史上建立的第3所大学。它和哈佛大学、普林斯顿大学齐名，历年来共同角逐美国大学和研究生院前3名的位置。该校在教授阵容、学术创新、课程设置和场馆设施等方面都堪称世界一流。耶鲁大学的本科及研究生教育也都非常著名。

耶鲁大学校园建筑以哥特式和乔治王朝式风格为主，多数建筑有百年以上的历史。古典建筑和少数现代风格的建筑错落有致，整个校园充满了古典秀丽的气息。典雅浪漫的耶鲁大学同样以自由的学术氛围、深厚的文化气息吸引着来自世界各地的优秀学子。

耶鲁大学校徽

耶鲁大学包括耶鲁本科学院、艺术与科学研究生院以及13所专业学院。其中专业学院包括建筑学院、艺术学院、神学院、戏剧学院、工程学院、森林与环境研究学院、法学院、机构和管理学院、医学院、音乐学院、护理学院、公共健康学院和圣乐机构。该校最强的学科是社会科学、人文学以及生命科学。

学校现有在校学生11 701人，本科生5 310人，录取率为8%。本科每年需缴纳的学费为40 500美元，其他费用约12 200美元。提前申请截止日为11月1日，提前申请回复日为12月15日。正常申请即秋季申请截止日为12月31日。奖学金申请截止日为3月1日。学校要求新生SAT成绩为：阅读700~800分、数学710~790分、写作710~800分。ACT成绩：32~35分。托福成绩：600/100分以上。

耶鲁大学拥有众多杰出的校友，共有5位美国总统毕业于耶鲁，并创造了连续3届总统都出自耶鲁的纪录。他们分别是乔治·布什、克林顿和小布什。著名影星梅丽尔·斯特里普毕业于耶鲁戏剧学院。耶鲁也为中国培养了不少杰出人才，如詹天佑、马寅初、高尚荫等。现在，中国留学生是耶鲁最大的留学生团体。耶鲁作为世界级名校，继续为世界培养着各类人才。

耶鲁大学

3. 宾夕法尼亚大学（University of Pennsylvania）

宾夕法尼亚大学，位于宾夕法尼亚州的费城。2011年美国全国大学排名第五，是美国一所著名的私立研究型大学，“常春藤”盟校之一。学校创建于1740年，是美国第4古老的高等教育学府，也是美国第一所现代意义上的大学。独立宣言的9位签字者和美国宪法的11位签字者都与该校有渊源。本杰明·富兰克林是学校的创建人。

创办之初，学校是一所慈善学院。本杰明·富兰克林作为学校创建人，认为新的知识来自对现有资源最广泛的认识和最富于创新的运用。而宾夕法尼亚大学在其270余年的教育发展历程中一直恪守着这一优秀的教育理念。

宾夕法尼亚大学校徽

现在，宾夕法尼亚大学已成为拥有12所学院，几百个系、研究所和研究中心的世界一流研究型大学。在2011年度*US News*的全美大学排名中，与斯坦福大学、麻省理工学院、加州理工学院以及芝加哥大学并列第五。并且，宾夕法尼亚大学的商学院——沃顿商学院，在近30年的本科商学院排名中都位居第一。学校热门的本科专业有：商务/营销、社会科学、工程、卫生行业、生物学特性、历史、跨学科研究。

学校现有在校学生19 842人，本科生9 865人，录取率为14%。本科每年需缴纳的学费为42 098美元，其他费用约11 878美元。提前申请截止日为11月1日，提前申请回复日为12月15日。正常申请即秋季申请截止日为1月1日。奖学金申请截止日为2月15日。学校要求新生SAT成绩为：阅读660~750分、数学690~780分、写作680~770分。ACT成绩：30~34分。托福成绩：600/113分以上。

宾夕法尼亚大学是美国大学联合会的14所创始校之一。著名校友有投资家和慈善家沃伦·巴菲特，华人学者有建筑学和建筑史学家梁思成以及中国著名建筑师才女林徽因。

宾夕法尼亚大学

4. 普林斯顿大学（Princeton University）

普林斯顿大学，位于美国新泽西州的普林斯顿，是美国一所著名的私立研究型大学。2011年全美排名第一，学校于1746年在新泽西州伊丽莎白镇创立，是美国殖民时期成立的第4所高等教育学府，当时名为“新泽西学院”，1747年迁至新泽西州，1756年迁至普林斯顿，1896年正式改名为普林斯顿大学。

普林斯顿大学校徽

普林斯顿大学拥有悠久的历史文化。美国独立战争在这里赢得了首次胜利，这里诞生了2位美国总统和44位美国州长。举世闻名的科学家爱因斯坦在此度过了他生命中最后的22年时光。这里同样是博弈论大师纳什的乐土。当代著名的大诗人艾略特在此留下了光辉的人生足迹。此外，33位诺贝尔奖得主以及众多华人学术精英，也在这片令人敬仰的土地上为人类文明作出了卓越的贡献。

普林斯顿大学的录取过程极其严格。校方采用科学的评价标准评定学生综合素质，其中包括4项，分别是：头脑质量，含智商、学习能力、创造力等；品格质量，包括责任感、价值观、判断力等；为学校作出贡献的能力；未来在本专业和社会上担负领导作用的潜能。学校采取择优录取原则，充分利用社会各界的捐款慷慨资助贫困学生。普林斯顿大学于2001年成为全美首所无贷款学校。

学校现有在校学生7 802人，本科生5 220人，录取率为9%。本科每年需缴纳的学费为37 000美元，其他费用约12 069美元。提前申请截止日为11月1日，提前申请回复日为12月16日。正常申请即秋季申请截止日为12月15日。奖学金申请截止日为2月1日。学校要求新生SAT成绩为：阅读690~790分、数学710~790分、写作700~790分。ACT成绩：31~35分。托福成绩：600/100分以上。

学校最热门的本科专业：社会科学、工程、生物学特性、英语、历史、哲学和宗教研究、物理科学、公共管理和社会服务、心理学。

普林斯顿大学是著名的“常春藤”盟校之一，至今保持着浓厚的欧式教育学风，不设法学院、医学院、商学院。中国著名科学家华罗庚、李政道和杨振宁是普林斯顿大学著名的中国留学生代表。

普林斯顿大学

5. 哥伦比亚大学（Columbia University）

哥伦比亚大学，2011年全美大学排名第四位。该校位于美国纽约市曼哈顿，于1754年根据英国国王乔治二世颁布的《国王宪章》而成立，最初命名为国王学院，是美洲大陆最古老的学院之一。美国独立战争后，学校为纪念发现美洲大陆的哥伦布而更名为哥伦比亚学院，1896年成为哥伦比亚大学，属于私立的“常春藤”盟校之一。

哥伦比亚大学校徽

哥伦比亚大学由3个本科生院和13个研究生院构成。学校每年经费预算约20亿美元，图书馆藏书870万册。哥伦比亚大学的本科生院在美国最早实行了通才教育，至今仍保持着美国大学中最严格的核心课程。它的研究生院更是以卓越的学术成就而闻名遐迩。整个20世纪上半叶，哥伦比亚大学和哈佛大学以及芝加哥大学在美国高等教育中呈三足鼎立之势。此外，学校的教育学、医学、法学、商学和新闻学院都名列前茅。其新闻学院颁发的普利策奖是美国文学和新闻界的最高荣誉。其教育学院是全世界最大、课程设置最全面的教育学院之一。学校热门的本科专业有：社会科学、工程、生物学特性、历史、英语、外国语言与文学、视觉及表演艺术。

学校现有在校学生22 953人，本科生5 888人，录取率为10%。本科每年需缴纳的学费为45 290美元，其他费用约11 020美元。提前申请截止日为11月1日，提前申请回复日为12月15日。正常申请即秋季申请截止日为1月1日。奖学金申请截止日为3月2日。学校要求新生SAT成绩为：阅读

690~780分、数学700~790分、写作690~780分。ACT成绩：31~34分。托福成绩：600/100分以上。

哥伦比亚大学，“她的学生在联合国学政治，在华尔街读金融，在百老汇看戏剧，在林肯中心听音乐。她是美国最古老的5所大学之一。欧元之父蒙代尔在这里留下了光辉的足迹，基因学的奠基人摩尔根在这里掀起生物界最彻底的革命！”美国新闻界至高无上的普利策奖在这里诞生。这里拥有美国第一所授予博士学位的医学院。美国前总统罗斯福，联合国前秘书长加林曾在这里求学，胡适、徐志摩、李政道等著名学者也曾游学于此。

哥伦比亚大学

6. 布朗大学（Brown University）

布朗大学，是私立文理型综合大学，2011年全美排名第15位。地处罗得岛州普罗维登斯市。普罗维登斯市在建镇之初的取名为“Providence”，有“上帝庇护”之意。

布朗大学校徽

1763年，詹姆斯·曼宁牧师在罗得岛创办了一所教会学校。1764年，英皇乔治三世御准在罗得岛沃伦市成立罗得岛大学。1765年，学校正式招生开学。1770年，学校迁至现在的地址。学校为了纪念本地布朗家族的贡献，于1804年更名为布朗大学。布朗大学拥有238幢古典风格的建筑，其中，1771年建成的“大学楼”历史悠久，是颇为著名的国家名胜古迹，它是全美独立战争前仅有的7幢大学楼之一。

学校目前在校学生总数为8 695人，其中本科生6 318人，研究生2 377人。本科录取率为9%。本科每年需缴纳的学费为42 230美元，其他费用约10 906美元。提前申请截止日为11月1日，提前申请回复日为12月15日。正常申请即秋季申请截止日为1月1日。奖学金申请截止日为2月1日。学校要求新生SAT成绩为：阅读660~760分、数学670~770分、写作670~770分。ACT成绩：29~33分。托福成绩：600/100分以上。

学校最为热门的本科专业有社会科学、视觉及表演艺术、外国语言与文学、地区和民族问题研究、英语、历史等，大学的学术强项为历史、宗教、比较文学、古典文学、现代语言及英文写作等，并在全球开设了唯一的数学史系专业课程。

布朗大学是美国第一所完全接受不同宗教背景学生的大学。20世纪60年代，布朗大学实施充满学术自由教学理念的“布朗考纲”，学生可根据自己的兴趣自由发展，只要4年中通过30门课，并且证明自己具有毕业的实力即可。这使布朗大学深受本科生的爱戴。作为“常春藤”盟校之一，大学入学竞争颇为激烈，是本科入学率最低的前6位学校，但它依旧以自身无穷的魅力吸引着全球各地优秀学子前来探求真知。

布朗大学

7. 达特茅斯学院(Dartmouth College)

达特茅斯学院，*US News* 2011年全美排名第11位。成立于1769年，是美国第9所历史最悠久的学院，也是闻名遐迩的“常春藤”盟校之一。

达特茅斯学院校徽

达特茅斯学院坐落于新罕布什尔州的汉诺威（Hanover）小镇，当初成立这个学校的目的，是为了培养当地印第安部落的年轻人和年轻白人。最初的200年中，学院只收男生，直到1972年才改为男女同校，是“常春藤”盟校中最晚接纳女生的学校之一。尽管如此，该学院却是男孩教育最成功的学院之一。

学校教学科研设备先进、设施齐全、教学科研能力深厚，是一所历史悠久，有着优良文化传统的现代化综合性私立大学。达特茅斯学院对全世界学生仍然实行“穷富不论、一视同仁”的录取政策。只要学生符合录取标准，学院会给学生提供奖学金。该学院实行一种叫“达特茅斯计划”的学制，一年分为4期。学生可以任选3期在校学习。这就使得许多学生可以更灵活地安排自己的学习时间。

学校现有在校学生6 141人，本科生4 248人，录取率为12%。本科每年需缴纳的学费为42 996美元，其他费用约12 369美元。提前申请截止日为11月1日，提前申请回复日为12月15日。正常申请即秋季申请截止日为1月1日。奖学金申请截止日为2月1日。学校要求新生SAT成绩为：阅读

670~780分、数学690~790分、写作690~790分。ACT成绩：30~34分。托福成绩：600/100分以上。

达特茅斯学院被选为拥有“世界上最坚韧不拔精神的”十所大学之一。这个学院的著名毕业生有曾两次担任美国国务卿的美国政治家丹尼尔·韦伯斯特，美国前副总统纳尔逊·洛克菲勒及几任联邦部长，包括保尔森和盖特纳在内的几任美国财政部长。中国知名校友则有凤凰电视台节目主持人曾子墨、宾利集团中国区总经理张力宸等。

达特茅斯学院

8. 康奈尔大学（Cornell University）

康奈尔大学，2011年全美排名第15位，是一所位于美国纽约州伊萨卡的私立研究型大学，另有2所分校位于纽约市和卡塔尔教育城，是著名的“常春藤”盟校之一。康奈尔大学由埃兹拉·康奈尔和安德鲁·迪克森·怀特于1865年建立，为“常春藤”盟校中唯一一所在美国独立战争后创办的。根据《普林斯顿评论》，康奈尔大学与斯坦福大学、麻省理工学院、芝加哥大学、俄勒冈州立大学、加州理工学院、加州大学洛杉矶分校、加州大学伯克利分校一同被誉为美国工程科技界的学术领袖。

康奈尔大学校徽

与完全私立的其他“常春藤”盟校相比，康奈尔大学的体制也是别具特色，它是“公私合营”式的大学。康奈尔大学目前设有13所学院。此外还有大学图书馆、生物科学部、营养科学部、暑期班及校外学习部等机构。康奈尔大学的酒店管理学院是全美首屈一指的。农业与生物学院在全国同类大学中也是数一数二的，从这里出来的学生很多都进了兽医学院继续深造，攻读硕士和博士学位。此外，康奈尔大学还有耗资3 500万美元的康奈尔国家超级电脑中心。康奈尔大学拥有多个国家研究中心，如高能同步加速器研究中心、弗洛伊德·纽曼核研究实验室、数理科学研究所、国家纤细结构研究中心以及位于波多黎各的国家天文学和电离层研究中心。学校热门的本科专业有工程、商务/营销、农业、生物学特性、社会科学、建筑。

学校现有在校学生20 939人，本科生13 935人，录取率为18%。本科每年需缴纳的学费为41 541美元，其他费用约13 154美元。提前申请截止日为11月1日，提前申请回复日为12月15日。正常申请即秋季申请截止日为1月3日。奖学金申请截止日为1月2日。学校要求新生SAT成绩为：阅读640~730分、数学660~770分。ACT成绩：29~33分。托福成绩：600/100分以上。

康奈尔大学从办学初始就具有公私合营的性质，这使得它兼具两类大学的优点，作为“常春藤”大学具有不可忽视的地位。中国著名文学家胡适和语言学家赵元任都曾在此学习生活。

康奈尔大学

哈佛大学校园内哈佛先生的塑像